弁護士独立のすすめ Part 2

体験談から
"自分に合った独立開業・経営"の
イメージをつかむ

独立のすすめ Part2
製作委員会代表

弁護士 **北 周士**【編】

第一法規

発刊にあたって

「他の先生方は開業の際、どのような準備をしたのだろうか。」

　私が開業に向けて準備をしていたときに抱いたこの疑問に対する答えとして、前作『弁護士　独立のすすめ』を平成25年（2013年）に刊行してから8年が経過しました。

　この8年の間に弁護士人口は33,624人から43,157人（2021年7月現在）へと1万人近く増加をするなど、弁護士を取り囲む環境はさらに変化してきています。

　また、前作である『弁護士　独立のすすめ』を刊行した時期は就職難の時代でしたが、近年においては弁護士の採用を求める事務所が増加しており、むしろ採用難の時代となっています。特に特定の事務所が極めて大規模に新人を採用するようになり、対して複数の単位会においては新規の登録者が0又は1という状態が発生するなど、弁護士の分布については今後さらに変化をしていくと思われます。

　このような弁護士業界の環境の変化に鑑みると、「これからまさに開業をしようとしている弁護士に対してリアルな開業事例を提示し、独立開業への不安を取り去るとともに、モデルケースを見つけてもらう」という目的を達成するために、前作『弁護士　独立のすすめ』に掲載されている事案については、現在の状況との乖離が発生しているのではないかと考えました。

　そこで、現在の弁護士を取り巻く環境の変化をとらえ、「今、まさに独立をしようと考えている方の参考となる事例集をつくろう」と考え、本書『弁護士　独立のすすめ　Part 2』を作成いたしました。

本書には、65期から70期まで合計で14名の先生の開業事例が掲載されています。

　事例としては、いわゆる即独の先生もいらっしゃいますし、アソシエイトを経て独立をされた先生もいらっしゃいます。

　独立の動機も、いわば衝動的に独立をした事案や独立をせざるを得なかった事案から、極めて戦略的に独立をした事案まで多岐にわたっています。

　独立後の方向性も「1人で気楽に」（といっても将来にわたってずっと1人という考えの先生はいませんでしたが）から、「支店を積極的に展開する」「日本一の事務所を目指す」との拡大傾向の事務所まで多岐にわたっています。

　特に後者のように当初から大規模化を前提としており、実際に開業数年で弁護士10名〜30名の規模まで事務所を大きくした先生方の「開業」から「拡大」に至る流れを読むことができるというのが、前作との一番の違いかもしれません。

　対して、シェアオフィスやレンタルオフィスを用いて開業された事案も複数掲載しており、自分が望む独立開業のスタイルに合わせた事案が見つかるのではないかと思います。

　そして、各先生方が開業にあたり開業費用をどの程度かけたのかについても赤裸々に記載していただいております。その金額も極めて費用を抑えたところから積極的に費用をかけた事例までそろっており、自分の予算感と合致した事例が見つかるのではないかと思います。

　また、開業地も都市部及び地方の事例を掲載できており、都市部の独立だけではなく地方都市での独立も見据えた構成となっています。

本書に事例を寄せていただいた石原一樹先生、河瀬季先生、桑原淳先生、小林航太先生、佐藤塁先生、鈴木翔太先生、霑野嘉厚先生、中間隼人先生、中村剛先生、沼倉悠先生、飛渡貴之先生、星野天先生、丸谷聡志先生、森謙司先生に厚く御礼申し上げます。本書の内容に至らないところがありましたら、全て企画、編集たる私の責任です。

　また、本書の企画、出版にあたっては、第一法規株式会社の三ツ矢沙織氏と小林千紘氏に企画や執筆者の選定も含めて多大なるご尽力をいただきました。執筆者の多い本書を取りまとめ、無事出版まで至ることができたのもお二方のご尽力のお陰です。この場を借りて厚く御礼申し上げます。

　最後に、本書が、本書をお読みいただいた方の開業、経営の一助となれば幸いです。皆さんの弁護士生活が本書によって少しでもよいものになることを願っております。

令和3年（2021年）7月吉日

独立のすすめ Part 2 製作委員会代表

弁護士　北　周士

弁護士独立のすすめ Part 2

目次

タイプ別目次

はじめに

本書の視点

　本書は、前作である『弁護士　独立のすすめ』と同様に、「若手弁護士が、今まさに独立をしようとする際に、なるべく身近で参考となる事例を多数紹介しよう」という観点から事例を紹介しています。

　そのため、本書においても、①紹介する事例は若手弁護士と期の近い65期から70期までに限定する、②開業に関する具体的な費用面までも記載してもらうという部分については、前作から引き継いでいます。どの先生も自分の開業に必要になった費用についても明確にしていただいており、その点でも貴重な内容となっております。

　対して、前作と異なる本書独自の視点としては、①法律事務所に大規模化の傾向が見られ、かつ当初から大規模化を前提として開業をする弁護士が増えたことから、開業数年で大規模化した事務所の事例を複数紹介すること、②従前よりもさらに若手弁護士が東京に集中していることを踏まえ、東京における早期開業事例を多めに盛り込むこと、③開業に特化した前作よりも、開業後の経営や集客についての記載を増やすことがあります。

　現在の弁護士業界において、法律事務所には大規模化の傾向があり、また、新規登録弁護士の過半数は東京に登録をするなど、若手弁護士は極めて東京に集中する傾向があります。そのため、今後独立を考えるにあたっては、当初から事務所の規模感を出していくことを前提として開業をする方や、弁護士が極めて集中している東京で開業するにあたって気を付けることを検討しておく必要があると考えたためです。

　また、これは前作においても意識はしておりましたが、開業はゴールではなくスタートであり、その後の経営が成り立たないのであれば開業をする意味はありません。さらに、大規模化を目指すのであれば経営的な視点は必須であり、その視点からも本書では開業後の経営や集客についても記載していただいています。

もちろん、全ての弁護士が東京において開業をするものではないこと及び全ての事務所が大規模化を目指すものではないことから、前作と同じくミニマム経営を基本とする開業事例や小規模単位会における開業も紹介しています。

　個人的にも今後の事務所は「組織化＆大規模化を目指すか」「ミニマム経営又はミニマム経営の集合体」のどちらかを目指すのが主流となってくると考えており、本書籍はそのどちらの経営を目指すにしても対応が可能な内容となっていると考えております。

紹介事例の内容

　本書において取り上げた事例は全14件となります。開業場所としては東京での開業が8件、千葉県・神奈川県の東京近郊での開業が3件、愛知県・福岡県という大規模単位会での開業が2件、小規模単位会での開業事例が1件となっています。

　各先生方に対しては、

①独立開業したきっかけ

②独立開業前の経営に関する考え方

③経営手法の選択（共同経営か否か）

④事務所規模、開業資金、開業場所の選定（地域を選んだ理由、オフィスの形態（レンタルオフィス等））

⑤人事労務関連（事務職員の雇用等）

⑥取扱案件の詳細（開業時から現在までの変遷）

⑦顧客獲得の手法（開業時から現在までの変遷）

⑧経営や事務所規模の変化

⑨（特に大型事務所の場合）マネジメント手法

⑩これまでの失敗談

⑪弁護士兼経営者としての自身の業務配分

⑫業務を効率化する手法、使用している書籍やデータベース

⑬弁護士会の活動への参加

⑭ライフワークバランス

⑮今後、事務所をどのように経営していきたいか

の各項目のうち、答えやすいもの、答える価値のあるものに集中して回答を
いただいており、その全てがまさに「リアル」な回答となっています。

　なお、本作は前作よりも事例の数は少ないのですが、トータルのページ数
は80頁近く増加しています。つまり、個々の先生方が非常に丁寧かつ十分
な量の回答をしてくださっており、その点でも読み応えのあるものとなって
いると思います。

　また、前作では、事例の分析において全体の平均をとって数値化していた
のですが、今作ではその方法はあまり意味がないと思うに至りました。前作
の時に比べ、開業の規模及び方法が多様化し、平均をとっても誰の事例とも
かけ離れたものになってしまうためです。

　そのため、全ての事例をお読みいただいたうえで、自分が目指す方向と近
いものを参考にしていただければと思います。

　例えば、開業資金についても、前作の時点では200万円前後が多く、そ
の後はより低額での開業が多くなった時期もありましたが、本書ではレンタ
ルオフィス、シェアオフィスにおいて極めて少額での開業事例から、かなり
潤沢に資金を使った事例まで掲載されており、開業資金の額についても多様
化が見られます。

　また、開業資金の使い方にメリハリが出てきているのも特徴の1つかもし
れません。特に「集客」を念頭に置いた資金の使い方を考えている事務所が
多くなってきたことも前作を製作した時点との差異ではないかと思います。

　なお、「集客」にあたってWEB集客を行っているとの回答をいただいた
事例においては、どの事務所も集客にかなりの工夫をしています。

　これは、2018年頃からポータルサイトでの集客が難しくなったことが影
響しているのであろうと思われます。2018年頃までは登録者が少ない地域
でポータルサイトに広告を掲載すればある程度の集客が確保できたのに対
し、各ポータルサイトへの登録者が増加した結果、単にポータルサイトに広
告を掲載するだけでは集客として足りず、今後インターネットでの集客を継

続する際には、個々の事務所の戦略性が必要になると考えています。この状況が加速していくとすれば、今後は同様にインターネットでの集客をメインとしているにもかかわらず「集客ができる事務所」と「集客ができない事務所」に二極化していく可能性があると考えています。

　本書に事例を掲載している先生方は、それぞれにWEB集客に有効性をもたせるべく工夫をしています。これらの事例を自分なりに分析をすることで皆さんなりのWEB集客戦略を組み立てることができるのではないかと思います。

　また、事務スタッフについては、事務所の大小問わず採用していないという事案は極めて例外的なものになってきています。これは弁護士は弁護士にしかできないことを集中的にするべきという考え方がより弁護士の中にしみついてきていることが原因であると思います。私自身は開業当初は事務スタッフがいたもののそこから10年近くが経過した現時点では事務スタッフを採用していないという珍しい立ち位置ですが、これも極めて例外的でしょう。

　事務所の規模化をはかるという意味でも、今後弁護士の採用がしばらく難しくなっていくであろうことからしても、事務スタッフの有効活用の重要性は上がっていくものと思われます。実際に各事例でも事務所の規模の大小を問わずほとんどの事例において事務スタッフの採用と事務スタッフの能力の有効性については触れられています。

　なお、事務スタッフの採用については、小さい事務所であれば縁故採用がかなりのウェイトを占めているようです。大規模事務所になるとさすがにそれだけでは追い付かなくなるようですが、それでも縁故採用の重要性は落ちないようです。

　また、事務スタッフの活用に加え、無料、有料問わずシステムやテクノロジーの力を借りる弁護士が増えているのも前作からの変化であると思われます。

　よく使用されているものとしては、事件管理、勤怠管理、給与計算、日程管理、クラウドPBX、インターネットFAXなどがあります。こういったシ

ステムやテクノロジーは、個々の弁護士や事務スタッフに負荷をかけることなく、弁護士や事務スタッフの能力を強化することができ、人員が貴重な事務所ほど導入するメリットがあると思われます。

　最後に、前作の事例との差異として、「事務所理念」を作成する事務所が増えています。そもそも、前作の時点では「事務所理念をつくる」という発想をもった事務所はほとんど存在しなかったと思われます。そういった意味でも開業当初から「経営者としての弁護士」をイメージする人が増えているのだと思われます。

　「発刊にあたって」にも書きましたが、弁護士の数はしばらくの間は増加し続け、かつ大都市への集中が強まっています。また、WEB集客を行うにあたってもWEB集客を行う事務所が増加したことから、創意工夫が必要となってきています。既存の事務所も大規模化しており、その点でも法律事務所間の差は開いていくものと思われます。

　しかしながら、自分が本当にやりたいことをやるための手段の1つとして、独立という選択肢は非常に強いメリットがあります。本書の事例を参考に皆さんの独立開業及びその後の経営が順調にいくことを願ってやみません。

北　周士

それぞれの独立

石原 一樹

経営者1名

◉修習期：65期
◉弁護士会：第二東京弁護士会
◉事務所開業年：2017年

◉事務所名：弁護士法人Galaxy
　　　　　　（主たる事務所：FAST法律事務所）
◉事務所住所：東京都渋谷区円山町5-5 渋谷橋本ビル9F

◉事務所の人員構成
　弁護士　　　　　　7名
　弁理士　　　　　　4名
　事務職員　　　　　8名
　その他アルバイト　6名

◉取扱案件の割合
　スタートアップ・ITベンチャー法務　85%
　（うち、知的財産権20%）
　訴訟・一般民事　　　　　　　　　　15%

◉経歴
　弁護士登録〜2015年　ヤフー株式会社勤務
　2015年〜2017年　ホーガン・ロヴェルズ法律事務所を経て窪田
　　　　　　　　　　法律事務所勤務
　2017年　Seven Rich法律事務所開業
　2020年　弁護士法人Galaxyとして法人化
　2021年　事務所名をFAST法律事務所に変更

独立開業したきっかけ

（1）インハウスから事務所への転職

　弁護士を目指した理由の1つに自分で経営をしてみたいという気持ちがあったので、いつか独立する、という目標を最初からもっていました。ヤフーのインハウス時代にITベンチャーやスタートアップ企業の方々をみてきて、エネルギッシュでパッションに満ち溢れている感じに感銘を受け、自分もそういう人たちと切磋琢磨したいという気持ちが強くなりました。

　他方で、インハウス経験といっても普通のサラリーマンと変わらない業務をこなしてきただけで、すぐに独立するには起業法務のスキルや、弁護士としてのスキルもままならない状態なので、スタートアップ支援をするのは何の付加価値にもならないと考え、事務所への転職を考えました。そして、いわゆるブティックファームと呼ばれる専門性の高い法律事務所での経験を経て、やはり、ITベンチャーやスタートアップ企業の方々と一緒に仕事をしたい、一緒に成長したい、という気持ちが強くなりました。

（2）独立を決心

　その頃には、個人事件の件数も増えてきたので、事務所にも迷惑がかからないうちに独立しようと決心しました。

　今考えると明確にイベントやきっかけがあったわけではなく、割と短絡的に決意したと思います。むしろ経験した2社はいずれもよい組織で優秀な人ばかりで恵まれた環境だったので、楽しく働けましたし、居心地もよかったです。

 独立開業前の経営に関する考え方

経営のイメージはしていなかった

　目の前のクライアント対応や案件をこなすことに精一杯になってしまっていて、経営やマネジメントのことについては特に意識していませんでした、

というか、意識できていませんでした。なんとなく個人事件が増えていけば独立できるかも、くらいに考えていました。それまでの社会人経験ではマネジメントはおろか、採用面接や部下をもつという経験すらなかったので、正直自分が経営をするとどうなるのかについてイメージも全くなかったです。

　弁護士の場合、1人で開業する分には固定費が計算しやすく、固定費を上回る売上げが見込めれば独立できる業態であるため、良くも悪くもさほど経営を意識せずとも独立できます。念のための開業資金の借入れも考えていたので、それに合わせて事業計画を作成していました。事業計画の作成段階では、早期にアソシエイト弁護士を採用する予定だったので、いかに売上げを伸ばしていくか、今までの顧客獲得経路がどのようなものだったのか棚卸しをするよい機会にもなりました。

❸ 経営手法の選択（共同経営か否か）

　古典的ではありますが、いつかは自分の城を持ってみたいという意欲が強かったので、当初から共同経営は考えていませんでした。独立直後から同期に参画してもらいましたが、共同経営という形態をとらずに、1人代表体制で参画してもらっています。全員にとってメリットのある仕組みがつくれるのであれば共同経営にしてもよいと思いますが、売上げ共同や経費共同などいろいろ聞いたり調べたりしていても、私の売上げが大きすぎるのか、しっくりくるものが見つかっていません。

　今後はスケールのことを考えると共同経営に移行するかもしれませんが、パートナークラスに育つか、中途での採用に頼るとなると、自分ではコントロールできないので、もうしばらく頑張れる限り1人代表で頑張ってみたいと思います。

、法律事務所と特許事務所を同時に始めたことになり、クライアント対応
含めて、事務手続き関係はかなり大変でした。

人事労務関連

）オンライン秘書サービスの利用

前職の事務所から個人事件を複数もっていたこともあり、開業の1年ほど
から個人事件処理と案件・雑務管理のためにオンライン秘書サービスを
っていました。月額6万円ほどではあるものの、雑務や定型業務をオンラ
ンで任せられる点では使っていてよかったと思います。この頃から、お金
リも時間を効率化することを大事にする意識が強くなったと思いますし、
理的に時間を活用するためになにをするべきか、といった考え方が身につ
たと思います。また、独立して月の半分を海外で過ごす弁護士の存在がい
ことを知り、自分で開業してもクラウドベース、リモートワークができる
竟をつくろうと思えたのも収穫だったと思います。

）開業時の事務職員

開業時の事務職員としては、知り合いがワーホリから帰国したタイミング
舌をかけたところ、手伝ってくれると言ってくれたので、お願いすること
ました。開業後しばらくは、一定程度雑務などが発生することを想定し
いたので、そのあたりを任せられる方に開業時から助けてもらうことがで
てとても助かりました。実際、弁護士会や銀行などの各種手続きは想定以
こ手間と時間がかかる作業だったので、開業時からサポートしてもらえる
則があった方がクライアントワークなどの業務に集中できると思います。

）その後の採用

その後は専門の人材エージェントや採用媒体を活用して面談の機会は減ら
よいようにしています。その他には学生や司法試験受験生のアルバイト
るので彼らからのリファラル採用を行っています。アルバイトやイン

④ 事務所規模、開業資金、開業場所の選定

(1) 会計事務所とのアライアンス

　独立開業にあたって、スタートアップ支援をする以上、
提携は必須と考えていたので、スタートアップ支援に関し
士事務所や会計事務所を探していました。

　結果として、会計事務所を中心とする今のグループに所
ました。グループに参画するといっても、法律事務所は株
で、資本関係もなく、財政的には緩いアライアンスのよう
す。それでも会計事務所のクライアントを紹介してもらっ
プへ一緒に出資したり、新規事業を開発したりと1人で法
た場合に比較して貴重な経験をさせてもらっています。

(2) 開業場所

　開業場所は、既存のクライアントを含めてベンチャー企
で決めていたのもあり、渋谷にある会計事務所のオフィス
開業しました。

(3) 開業資金

　開業資金については、弁護士1人と事務職員1人の予定
ど必要ではないと考えていましたが、間借りするスペース
は必要になるかなと思い、自己資金500万円に加えて日
ら1,000万円ほど借り入れました。

(4) 特許事務所の買収

　公庫からの借入れの一部を活用して、知り合いの特許事
業まもなく知財業務もできるようになりました。買収とし
の特許事務所の弁理士2名が他の事業に専念したいとい
していたところ、縁あって私がやらせてもらうことにな

ン生からそのまま司法試験に合格し、入所してもらうことができればミスマッチも減らせると考えているので、今後も続けていきたいと思っています。

取扱案件の詳細

スタートアップ支援

　具体的な実績があったわけではなかったですが、兎にも角にもスタートアップ支援をしたいという思いだけで開業を決めたので、当初からITベンチャーやスタートアップ企業のコミュニティを中心に営業活動をしていました。クライアントの規模、ステージは、起業前の相談から、大きく成長するタイミングでの相談など、開業当初から多種多様あったと思います。開業当時の2017年は民泊をはじめとした「シェアリングエコノミー」という言葉がバズワードになっていたこともあり、シェアリングエコノミー関連の相談や依頼が多かったと思います。あとはIPOを目指す起業家が多かったこともあり、エクイティファイナンス関係のサポートは常時たくさん抱えていると思います。

　その後も起業にあたっての相談や上場前の法務デューデリジェンス（DD）まで幅広くITベンチャーやスタートアップ企業の成長に合わせてサポートさせていただく機会に恵まれていると思います。

　スタートアップ支援がやりたいから開業したのですが、スタートアップ支援に関する法務以外はやらない、というわけではないので、私以外の弁護士は、債権回収の訴訟や、交通事故や離婚トラブルなどの一般民事も一定割合従事しています。

　社内で新しいサービスの立ち上げなどを検討する機会もつくるようにしています。

顧客獲得の手法

　顧客獲得は、当初から今まで、紹介がメインかつ唯一の獲得ルートです。

弊所がメインターゲットとしているスタートアップ企業に関していえば、スタートアップ業界特有のムラ社会があって、そのコミュニティに入り込めないと仕事をいただくことはできないです。

　いったんコミュニティに入ってしまえば、クライアントや著名な起業家から友人や後輩の企業を紹介いただくことが多いです。この顧客獲得スタイルは開業時も現在も変わりません。そして、ネットワークが広がれば広がるほど紹介いただける件数は増えていきます。

　属人的な案件になることが多く、私のレビューやチェックが必要なケースがほとんどで、なかなか一気にスケールすることが難しいのが現状です。

　今後はブランディングやウェブマーケティング、セミナー営業など多様なチャネルを活用して案件の裾野を広げていきたいと思っています。

⑧ 経営や事務所規模の変化

　開業してから1か月後に同期の弁護士が加入してくれたおかげで、仕事の幅や経営していくうえでもリスクをとりやすくなったと思います。1年目には新卒で70期を1人採用し、弁護士3人体制をつくることができました。その後は毎年修習生を1人ずつ採用できています。

　理想をいえば中途で即戦力を採用できれば経営的には基盤をつくりやすいですが、現状の採用力では具体的な採用計画に折り込むことは難しい面もあるのかもしれません。

　修習生の採用は今後も継続し、育成体制をつくっていきたいと思います。新卒研修やロジカルシンキング研修などビジネスマインドを学ぶうえで最低限必要なスキルをいち早く身につけてもらえるようにしていく予定です。

　メンバーが増えてくると入れ替わりも必要だと思うので、弊所で経験したことを他の場所でパフォーマンスとして発揮していってもらいたいと思います。

これまでの失敗談

　日々失敗の繰り返しだと思っていますが、特にスタッフの採用と事務所の案件管理・案件マネジメントは失敗が多いと思います。

　独立するまでスタッフ採用をした経験もなければ、採用面談をしたこともなかったので、面談の場でどういうことを質問するのかまでも未知の世界でした。それもあって、独立開業から１、２年くらいの間は、こちらがよいなと思って採用しても、スキルのミスマッチなどでうまくいかなかったことが多かったです。

　採用媒体を活用したり、エージェントを活用したり、縁故採用してみたりとまだまだ試行錯誤の日々ですが、これといって確立した手法はないと思って日々採用活動をしています。そうして少しずつ失敗や面接の数をこなすことでフィットする方を採用できるようになってきたと思います

　案件マネジメントについては、アソシエイトが増えてくるとリソース状況や案件の振り方などは、やらせてみないとわからない部分もあるので、できるだけ丁寧に初動対応を指導するように意識しています。案件を振っただけで状況を把握できないまま放置してしまうと遅滞したり事故になったりするので、進捗管理には特に気をつけています。

　他には、顧客数に比して請求単価の低い案件が多いので、請求業務の効率化には常に頭を悩ませています。

⑩ 弁護士兼経営者としての自身の業務配分

（1）クライアントワーク

　弁護士含め若手が多いので、基本的に自分が業務に携わらないと案件は回っていきません。レビュー含めてほぼ全ての案件をチェックしています。他方、日中は面談・打合せや所内からの案件に関する相談などでほぼ埋まってしまいます。そのため、自分は基本的に朝・夜の時間帯と土日に集中して

作業をするようにしています。加えて最新の法改正や業界動向のチェックもしないといけないので隙間時間でインプットするように意識しています。

(2) マネジメント

　マネジメントに関しては、採用と案件の進捗管理、メンバーやスタッフとの面談が主要な業務になっています。経営者である以上、カネとヒトの配分の最適化が一番重要な業務だと意識しているので、忙しくても優先度を上げて対応するようにしています。

　マネジメントもクライアントワークもどちらも自分にとっては楽しくてしょうがない仕事なので、全体として仕事とプライベートの区別がないくらい仕事の比重が高いと思います。

⑪　業務を効率化する手法、使用している書籍やデータベース

　業務効率化にはかなり力を入れている方だと思います。基本的な発想として、PCとネット環境さえあれば世界中どこでも仕事ができる環境づくりを想定しています。

　書類の管理を必要最小限にし、ほぼ全ての書類をデータ化して、クラウドストレージに保管するようにしています。電話はfondeskを使用して省力化を図り、FAXもメールで送受信できるようにしています。

　ドメインなどの基幹部分はOffice 365を使用しています。Google Workspaceも補完的に使用しています。

　社内のやり取りはChatworkを活用して、全てのログを残すように意識しています。メールよりもはるかに効率的かつ迅速に処理しやすいと思います。

　他にもクライアントの要望に合わせて、FacebookのMessenger、LINE、Slackなども並行して使える体制をつくっています。

　また、最近は弁護士、スタッフの数も増えてきたので、案件・タスク管理、

タイムチャージ管理や請求データの生成ツールを所内で開発して、使っています。

外部ツールの活用でいうと、経理関係はマネーフォワード クラウド会計やマネーフォワード クラウド請求書を活用しています。業務ツールとしては、AI-CON ProとLegalForceを試した後、LegalForceを導入しています。

ツール導入のポイントとして、外部ツールとの連携や汎用性、乗り換えを考えた時の移行のしやすさなどを基準に、実際に使ってみてから導入を決めています。新しいツールが出るたびに積極的に使ってみるようにはしています。

⑫ 弁護士会の活動への参加

委員会に所属はしておりますが、独立してから、委員会活動にはほとんど参加できていません。当番弁護、国選の名簿登録はしているので、公益活動という意味では細々とやっています。

刑事事件は弁護士としての原点でもある（と勝手に思い込んでいる）ので、配点があると初心に戻って対応しています。

⑬ 今後、事務所をどのように経営していきたいか

1人で開業しましたが、1人ではできないことをやりたいと思っていたのと、チームワークで働くことの醍醐味や楽しさを知っていたので、組織化はしたいと思っています。

開業当初は、10人の組織ってどういう組織だろう？　と思って少しずつ大きくしてきました。10人を超えた組織になったら仕事の幅も広がり、自分の目線や視座も高くなった気がします。目線や視座が上がると、見える世界も広がり、関与できるコミュニティや人も増えていきます。

クライアントはもちろんなのですが、一緒にいるメンバーや周りにいる人が成長・成功していく姿を見るととても嬉しい気持ちになります。そこに自

分が寄与できた部分があればこのうえない達成感も味わえます。

　次は、30人の組織ってどういう組織だろう？　という気持ちになっているので、組織の拡大という意味では、30人の組織で、できる仕事、目線の高さを目指してみたいと思っています。もちろん、クライアントの満足度を上げることが大前提ではあるので、いかに弊所が提供するサービスの価値を高めながらクライアント満足度も追求していくか、を意識しています。案件の性質やクライアントの性格に応じて対応する弁護士を変えてみたり、時には外部のパートナーや専門家と一緒にプロジェクトチームを構成したりと、体制を固定することなく柔軟に考え、最適解を模索しています。その過程で30人を超えたら次のステージが見えてくるかもしれません。

　弁護士、事務職員にかかわらず、提供するサービスの価値を上げながら、労働生産性を高めるためにはどうすればよいか、関与する個々人の夢や目標を最短で実現するために、組織としてどういう貢献ができるのか、を日々考えながら経営していきたいです。

　今まであまり将来の夢を堂々と語る弁護士に会ったことがなかったのですが、スタートアップ企業の方々は「世の中を良くしたい」「不幸をなくしたい」などスケールの大きな話を堂々としています。同じ人間なのにこの差がどこからきているのかを考えたときに、“弁護士”という枠に収まってしまっているのではないかと思いました。

　弁護士である前に1人の人間として、どんな“理想の自分”になりたいかというイメージを明確にもっている人間の方が輝いて見えますし、夢や目標の未来図が大きければ大きいほど、影響を与える範囲も広がると思っています。

　私の場合、スタートアップ支援がやりたくて独立開業しましたが、「やりたいことをやるために独立開業しても、やっていける」ということを本気で伝えていきたいし、そういう人たちをサポートしたいなと思っています。

　やりたいことがやれる時代や環境になっているからこそ、自分のやりたいことを見つけるのは大事だなと思っています。

開業地域の分析

　開業地域の選定について、従前は「裁判所に行きやすい」「クライアントアクセスが容易」、BtoC を中心とするのであれば「ターミナル駅（乗換駅）の近く」「人口比で弁護士が少ないところを狙う」というところが基本戦略であり、その戦略自体に大幅な変更はないと思われます。

　もっとも、弁護士の人口は私が弁護士登録をした2007年から2021年7月までの14年間で86.6％以上も増加しており（23,119人から43,157人に増加）、司法過疎という言葉もあまり聞かれなくなりました。そういう意味で純粋に「弁護士が全く存在しない地域」というものはかなり減ったのではないかと思われます。

　しかしながら、ここ数年、新規登録者が全くいない単位会や1名しかいない単位会も珍しくなく、対して東京・大阪で新規登録者の70％以上を採用してしまう状態となっており、今後もしばらくは大都市、特に東京への弁護士の集中は続くのではないかと思われます。

　なお、BtoC を中心とする法律事務所が拡大をする際には、基本的に支店を出す戦略をとっていることからもおわかりのように、法律事務所の経済圏はかなり狭く、クライアントは遠くの専門的な法律事務所よりも近くの法律事務所を選ぶ傾向があります。極端な例としては一都三県に30以上の支店を出している事務所も存在しており、かなり近接した地点に支店を出しても潰しあわないことがわかります（と言っても一時期より減少しておりますので厳密には潰しあうのかもしれません）。

　もっとも、こういった事務所は、集客自体は本店が一括して行っていることが多いようです。そちらの方が効率的な広告戦略が立てられるのであろうと思われます。ただし、「はじめに」にも記載していますが、WEB 集客については今後漫然とした集客ではかなり難しく、その事務所または地域なりの工夫が必要になると思われます。

　対して、コロナ禍の影響もあり、特に BtoB の領域では、対面でのミーティングを極力行わないという傾向が出てきており、物理的な距離の問題はかなり解決してきていると思われます。実際に、特定の分野又は業種への強みを打ち出している事務所においては、東京からもしくは東京以外の地域から全国のクライアントに対してサービスを提供している事務所も存在しており、全国のクライアントを相手にできる状態と

なっています。

　このような状況下における開業場所の選択については、もはや決まった方法は存在しないと言っても過言ではないと思います。これから独立を考える方が、どのような顧客層を対象としようとしているかを前提として、個々に組み立てるしかないのではないでしょうか。

　本書に事例を寄せていただいている先生方においても、各人が各人なりの創意工夫をして（もしくは選択の余地なく）事務所の開業地を決めています。皆さんも自身の戦略をもって事務所の開業場所を決めていく必要があると思います。

　なお、上記のように開業場所の選定については最終的には自分の顧客の属性を考えて決めることになります。そのため、BtoC を中心とする場合は「ターミナル駅（乗換駅）の近く」「弁護士との人口比」を基準としつつ、WEB 集客の可能性を考慮して選定していくことになると思われますし、BtoB を中心とする場合は基本的には大都市を中心としつつ、特定の分野に強みを出せその強みを WEB 上でも示せるのであれば、ある程度全国からの集客を見込める可能性があると思います。

（法律事務所アルシエン・東京弁護士会
北　周士）

河瀬 季

PROFILE

◉修習期：67期

◉弁護士会：東京弁護士会

◉事務所開業年：2017年

◉事務所名：弁護士法人モノリス法律事務所

◉事務所住所：東京都千代田区大手町2丁目6-1
　　　　　　　　朝日生命大手町ビル21階

◉事務所の人員構成

　弁護士　　　10名

　事務職員　31名

◉取扱案件の割合

　企業法務　　　　　55％

　風評被害対策　　　40％

　その他IT関連法務　5％

◉経歴

　2014年12月　弁護士登録

　2014年12月〜2017年3月　都内法律事務所にて勤務

　2017年3月　モノリス法律事務所開所

　2020年3月　弁護士法人化

独立開業したきっかけ

2014年の12月に弁護士登録を行ったときから、都内のIT系のブティック型事務所で、いわゆるノキ弁として活動していました。当時のボスが心の広い方で、弁護士初年に個人秘書、翌年にもう1名のスタッフを個人雇用することを許してくれました。そして、2年目の途中から「パートナー弁護士」という肩書きをいただきました。

私はもともと理系で、10代の頃からIT関連で個人事業主・会社経営を行っており、20代後半に、いわゆる「純粋未修」として法科大学院に進学し、弁護士になったという経歴です。こうしたこともあり、弁護士登録時にすでに顧問先が6社あったため、最低限の生活費は顧問料等で賄えるという状態でした。ただ、そうはいっても最初は当然ながら裁判業務などのノウハウが全くないため、ボスの案件を復委任型で手伝わせていただき、仕事を覚えながら、顧問先を増やしていました。

この結果2年目の中盤頃には、いわば「事務所内に、河瀬の島があり、その島では（ほぼ）河瀬が獲得した案件のみを手がけている」という状態になっていました。

2年目が終わる頃、顧問先が約30社となっており、アソシエイト弁護士や新たなスタッフ、その前提として床面積などが必要となりつつあり、当時のボスに相談させていただいた結果、独立を決心いたしました。

2 **独立開業前の経営に関する考え方**

ストックをつくる

もともと20代でも経営を行っていた経験があるからか、基本的な考え方は、独立前も独立後も変わりません。おそらく、私が一番心がけていることは、投資を先行し、ストックをつくることです。

例えば、すでに述べたように私は弁護士1年目に個人秘書を雇用しました。ただ、「その時点で秘書がいなければ絶対に業務が回らなかった」というわ

けではなかったと思います。ただ、「自分自身の時間が埋まりつつあり、そろそろ秘書がいないとキャップが見えてくる」と、1年目の夏頃に考えたため、そのタイミングで秘書の求人を開始した、という経緯です。

　その後の人員増や、そもそも独立自体が、「キャップに達する前に投資を行い、キャップを上げる」という動き方によるものではあります。

　また、私は上記のように弁護士登録時に6社の企業様に顧問契約をいただいていましたが、弁護士登録初月の総売上げは、この6社からの顧問料等（のみ）で合計30万円でした。同期は月50万円や100万円といったアソシエイト報酬をもらっているわけですから、この金額は少ないです。

　ただ、私は修習中に前ボスと知り合い、そのお話を伺う中で、自分は企業法務系の弁護士、特に自分で顧問契約を獲得するポジションの弁護士になると決めていました。このため、その目標につながらない業務は受けませんでした。また、それにつながる可能性があるならば、時間やお金を使うことは惜しみませんでした。

　弁護士登録初月は、上記の30万円の中から経営者交流会の参加費用などを捻出していました。このため、生活は実際問題として厳しかったです。ただ、顧問先は毎月増えたため、顧問料売上げが毎月増え、そして、1年目の夏頃には「秘書を雇用しても自分が生活できる」という程度にはなりました。

　少し自慢めいた話になってしまいますが、私は弁護士登録以降、ほぼ毎月、新規顧問契約をいただいています（現在、弁護士登録から約6年強で顧問等契約が約110社、終了となってしまった契約を含めると累計では約150社）。ただ、それは、「ストックをつくること」に注力を続けている結果ではあります。その裏側では、「たとえ訴額が大きくとも、自分が得意とする予定のない分野の知識や経験といった意味でストックにならない単発案件については、他の先生を紹介する」といったことを、弁護士登録直後から現在まで行い続けています。

経営手法の選択（共同経営か否か）

　上記のような経緯で独立したため、共同経営という選択肢はありませんでした。端的にいえば、オフィス、人員、顧問先数を拡大させ続けるために独立という手段を選んだからです。前のボスとの関係は当時も今も良好（であると少なくとも私は思っている）なので、共同経営であれば、独立する意味自体がなかったといえます。

 事務所規模、開業資金、開業場所の選定

　いくつかの物件を見た結果、四谷のSOHO物件を選びました。

　独立前から、企業法務系の事務所であり、拡大志向をとる以上、少なくとも最終的には大手町や丸の内に行かざるを得ないとは考えていました。そのため、内装等を大きくいじる必要のないSOHO物件を選びました。また、法律事務所の多い地域として四谷、その中では比較的坪単価が高くきれいな物件を選んだ、という形です。

　ロゴやウェブといった広報まわりは独立当初からある程度整備し、また、応接室の家具などはお金を惜しみませんでしたが、とはいえ内装がほぼ不要だったので、開業資金は合計400万円程度で済みました。

　四谷での独立後、約1年半で大手町に移転したのですが、大手町移転以降は、移転・拡張などの予算は大型化しています。大手町移転の際は、家賃が3倍弱になったことに加え、12か月分の敷金と家賃前払い、内装工事で合計数千万円程度の出費が発生しました。

　また、大手町移転の約1年後、大手町オフィスが狭くなったことから、弁護士法人化及び銀座支店の開設を行い、これも手狭になったことから、そのさらに約1年後、大手町オフィスの拡張（大手町オフィスと同一ビル内の分室設置）を行いました。銀座支店開設は内装工事を入れていないので費用はあまりかかっていませんが、大手町オフィスの拡張は、合計約200坪とそれなりの面積であることから、ある程度の費用がかかっています。

5 人事労務関連

(1) スタッフサイドを固める

　独立前から独立直後は、弁護士以外のスタッフを増やしていました。この段階で非常に人に恵まれていたことが、早期独立や、後述する大手町移転を実現できた大きな要因だったと思います。

　前述のとおり、私は弁護士登録1年目、独立前に秘書求人を行いました。その際たまたま、私が尊敬するとある弁護士の先生の秘書を務めていた、現在も私の秘書である女性から応募がありました。

　また、その秘書からのリファラルで、ネット調査等に天才的な能力をもっている、現在も弊所のコアな戦力であるスタッフを採用することができました。

　そして独立直後、リファラルで、非常に頭の回転が速く、現在も弊所の経理を務めているスタッフを採用することができました。

　さらに、普通のアルバイト募集で、非常に仕事が早い、現在も弊所のパラリーガルのエースであるスタッフを採用することもできました。

　スタッフサイドの初期コアメンバーが非常に早い段階で固まったことは、本当に幸運だったと思っています。

　こうしたスタッフの能力もあり、四谷での独立後約1年半で、大手町への移転を行うことができました。そして弁護士法人化を行い、現在は一般的な福利厚生を完備した正社員として、各スタッフを雇用しています。

(2)「総合職」の採用

　また、後述するように弊所は、秘書でもパラリーガルでもない、いわゆる「総合職」を、各業務で必要としています。特に大手町移転以降、弊所は、弁護士ではないスタッフも「コアメンバー」として捉え、弁護士との連携で有機的に機能する組織を志向しています。

　このこととの関係で、大手町移転後は学部生などの新卒採用や、これも見据えた学部生等のインターン（アルバイト）受け入れも行っています。

2021年4月からは、1年ほど前からインターンで働いていた優秀な法学部生が総合職正社員として入社しています。

　また、こうした体制をとることで、大手企業や国家公務員等からの転職といった中途採用もできるようになってきました。

6　取扱案件の詳細（開業時から現在までの変遷）

　大きくいって、現状までに4段階があったと思います。

（1）IT企業の顧問契約

　弁護士登録1年目は、とにかくIT企業の顧問契約を増やすことに注力していました。企業法務系の弁護士として、企業に関わる法務全般を担当する顧問弁護士業は、その業務の中心だと思ったからです。また、元ボスも顧問弁護士業務を中心としていたからです。

　一度に複数のことを行うべきでないという考えより、顧問契約以外を基本的に受けず、「顧問先であるIT企業の企業法務」以外の仕事をほぼ行わない形としていました。

（2）風評被害対策

　弁護士登録2年目の中頃から、上記の顧問弁護士業務に加え、いわゆる風評被害対策も手がけるようになりました。もともと私はIT業界出身で、特にウェブ系が専門でした。したがって、ウェブ上で行われる風評被害を分析し、弁護士として法的に対処する風評被害対策は、もともとの専門性との関係で非常にシナジーが大きいと考えたからです。この分野を手がけることで、偶然の人の縁ではありますが、弁護士登録2年目に、とある東証一部上場企業の顧問弁護士となることができました。

（3）「提案」

　そして独立を行った弁護士登録3年目、これも偶然の人の縁ですが、誰も

が知る、風評被害に悩んでいた巨大企業の社長室を紹介いただく機会がありました。その際私は、いろいろと考えた結果、「初回ミーティング時に、何をして欲しいのかヒアリングする」のではなく、「その企業が抱えている問題についてのソリューションを提案する」という方法を選びました。具体的には、その企業が抱えている（と外部から見える）問題をリストアップして分類し、「どのような優先順位でどのように解決していくべきか」といった各種情報を、プレゼン資料としてまとめる、という形です。その際には、当時すでに私の右腕だったネット調査担当、頭の回転が速く「提案」の作成能力も高い経理担当の力を借りました。そして、ヒアリングに基づき優先度を組み替える、プロジェクト進行のスケジュールを調整する、といった修正を数回行い、その提案を採用していただくことができました。

　この経験より、弊所は、例えば「巨大企業がネットのさまざまな場所で、さまざまな形で風評被害に遭っており、会社自身が、どの問題から手をつけてよいのかわからない状態になっている」といったケースに対し、上記のようなリサーチや分析のうえで、「ソリューション」を設計し、プレゼン資料にまとめたうえで提案を行い、遂行する、という業務を行うようになります。そして、そのリサーチ、分析、提案の精度を少しずつ向上させ、また、効率化させていかなければならない、という課題を抱えることになります。効率を上げないと同じ時間・期間で高い精度の提案等を行うことができないため、これは「両輪」なのですが。

　そしてこのためには、リサーチ、分析、提案といった各プロセスに人手が必要となり、法的な分析以外の部分には、優秀な総合職を必要とするようになりました。

（4）事業会社のIT担当

　また、そのようにして巨大企業の風評被害対策を手がけるようになると、「インターネットやITに強いのであれば、こうした業務も頼めないか？」といった形で、その会社の、ITやインターネットに関わる風評被害対策以外の案件のご依頼も、いただくようになりました。そうした巨大企業は、通常

の業務に対応する法務、例えば製造業であれば製造関連の契約書に関わる法務は、メインの顧問弁護士、例えば四大法律事務所などの先生が手がけています。そうした会社における、例えばIT関連の新規事業については弊所が依頼をいただく、といった形です。そうした「事業会社のIT担当」というポジションの仕事も、最近は増えています。

　弊所は、いわば現在、顧問弁護士としてのポジションに基づく企業法務、事業会社のIT担当としてのポジションに基づく企業法務、そして、単発の風評被害対策、風評被害に対するプロジェクトとして進行するソリューション提供、という4種類の業務を行っている、という形です。

顧客獲得の手法（開業時から現在までの変遷）

（1）IT企業と知り合う

　独立前から独立直後までは、徹底的に経営者交流会などに参加し続け、顧問弁護士を探しているIT企業と知り合う、という手法を用いていました。「もともとIT企業を経営していた弁護士です」というメッセージを、1人でも多くの方の記憶に残すことに特化していた、いわば「広く浅く」という形です。そもそも私は修習中から、正確には司法試験合格発表の1週間後あたりから、さまざまな交流会に顔を出していました。そして、「元IT経営者な弁護士の卵で、司法試験受験をしていたため今のIT業界を知らないので、勉強させてほしい」というように、さまざまな経営者の方に挨拶をしていました。中には、会社の開発合宿に招待してくださる方などもいました。私の顧問先が弁護士登録時に6社あったのは、法科大学院前からの知り合いの会社1社と、修習中までに知り合い、「弁護士になったら顧問になってくれ」とおっしゃっていただいた5社の、合計6社、という形です。

　そして、そのようにして知り合った方の中には、「自分自身の会社には長く頼んでいる顧問弁護士がいるが、社長である自分が個人として投資するベンチャーに顧問として入ってほしい」といったニーズをもっている方もいま

した。大手町移転以降は、どちらかといえば「狭く深い」関係性も増えていると思います。

（2）オウンドメディア公開

また、2019年2月からは、事務所サイト内にて法律関連記事の公開を開始しました。「自分1人の人脈」という箱庭の中で、「知り合い」や「知り合いの知り合い」にご依頼をいただくという状態が、そろそろキャップに達すると考えたからです。記事は現在500記事以上となっており、「知り合いの知り合い」といった形では知り合えなかったであろう、地方のIT企業様等からの問い合わせもいただくことができるようになりました。

（3）「YouTuberが並ぶ法律相談所」

さらに、上記のような経緯の中で大手YouTuber事務所様にご依頼をいただいていたといった経緯もあり、2020年7月より、「YouTuberが並ぶ法律相談所」というチャンネルを、YouTube上に開設しました。例えば「歌ってみた」動画の著作権問題など、YouTuber向けの法律解説動画を公開するチャンネルです。

このようにして弊所は、風評被害のソリューション提案、ウェブ上などの広報、といった面で弁護士以外のスタッフにも実働部隊としてのポジションを与えており、したがってスタッフの人数も多い、という形となります。

⑧ 経営や事務所規模の変化

拡大志向をとっているため、当初は私を含めて3名だったメンバーが、現在は合計30名以上となっています。上記のとおり、弁護士や秘書、パラリーガルに総務といった、多くの法律事務所にもあるポジションに加え、ウェブ調査、ソリューション提案、広報といった部署が存在するためです。

弁護士以外のスタッフは、私のスケジュール調整等を専属的に行っている、いわば「所長秘書」が1名、裁判書面の郵送など弁護士補助を行っている、

いわゆる「秘書」が３名、いわゆる「パラリーガル」が１名、経理が１名で、その他は上記のような総合職やインターンである、という構成です。

⑨ マネジメント手法

　弁護士側の採用や育成に関しては、正直なところ、独立当初は苦労していました。今にして思えば、そもそもマッチしていないことが最初からわかっていたはずの弁護士を採用し、早期退職となってしまったこともあり、申し訳なく思っています。

　大手町移転の前後で、その後「右腕」となってくれるアソシエイトを採用することができました。自分の事務所にどのようなアソシエイトを迎えると、お互いによい関係を構築できるのかということが、そのあたりから少しずつわかってきました。

　また、弁護士が５人を超えたあたりから、「自分の直下にアソシエイトを全員並列に並べる」という組織体制では限界になってきたため、いわゆる階層構造やチーム制に近い制度を導入しました。新人弁護士の教育やサポートも、現在は、右腕となってくれているアソシエイト弁護士を中心に、アソシエイト内で行ってもらえるようになり、弁護士の増員を行いやすい状態となってきました。

　そして、そうした「弁護士」というチームが、特に風評被害対策のソリューション提供の場面では、私のもとに、総合職側のチームと並列に位置付けられ、その意味で文字どおり「弁護士とスタッフが対等に共同で案件を手がける」という形で機能するようになっています。

⑩ これまでの失敗談

　正直なところ、そもそも何かに挑戦した際に最初から成功するとは思っておらず、「失敗して学習し、何度か繰り返して成功する」が基本だとは思っています。ただ、「挑戦し損ねた」というのは狭義に「失敗」であり、反省

しています。

　上記のように 2 年目から風評被害対策を手がけていたところ、2017 年に、これを題材とした書籍『デジタル・タトゥー──インターネット誹謗中傷・風評被害事件ファイル』（自由国民社）を出版することができました。「過去の過ちに関わるネット上の投稿は、若い頃に入れた入れ墨と同様、時間経過によっても消えない」というような意味のネットスラングをタイトルとし、「架空の弁護士が架空の事件を解決する」というストーリーの中で、実際に弁護士が手がける風評被害対策業務などを紹介する小説です。

　そしてこの小説を執筆したことで、2019 年に NHK 土曜ドラマ『デジタル・タトゥー』の原案に抜擢いただくことができました。これは偶然の要素が大きいですが、大きなチャンスであり、実際、このドラマの原案を手がけたことで、弊所の知名度は多少上がったと思っています。

　しかし、せっかくドラマという機会を与えていただいたにもかかわらず、これに関連するネット上での広報活動、そのための事業投資が、明らかに不足していました。例えば「デジタル・タトゥー対策の特設サイト」といったものを、事務所サイトと別途作成すべきでした。その挑戦が不十分だったことは、今も後悔しています。

⑪　弁護士兼経営者としての自身の業務配分

　弁護士に限らず、経営層は、平時は営業・広報・採用・経営戦略といった中期的視点に基づく業務を中心とすべきだと思っています。

　特に企業法務は、「顧問先企業様の依頼であればなるべくスピーディーに行うべき」である以上、たまたま案件が少ない時期、たまたま案件過多となる時期が、どうしても存在します。実際、例えば本稿執筆直前は、とあるクライアント様から中規模 M&A のデューデリジェンスのご依頼をいただいたため、事務所全体としての業務量は、平時よりも多くなっていました。

　私自身の労働力、例えば契約書チェック能力や起案能力は、平時は可能な限り、「案件過多となってしまった時期のためのバッファ」として残すべき

だと思っています。このバッファがないと、案件過多な時期には、顧問先を待たせるか、アソシエイトにその分の「残業」を求めるかしかなくなってしまうからです。

　もちろん、そうはいっても、中規模以上の案件では少なくとも戦略部分は私が策定すべきですし、また、私が手を入れたり、最初から書いたりしないといけない書面は当然にあります。そもそも、アソシエイトに任せられる部分がほぼなく、私が1人で処理している案件も、当然にあります。

　本来的には、案件処理系：中期視点系が、2：8あたりになるのが現在の規模では健全ではないかと考えてはいます。ただ、ありがたいことに案件が増え続け、人手不足の傾向が続いている結果、3：7あたりになっているような気はしています。

⑫ 業務を効率化する手法、使用している書籍やデータベース

　「リモートワーク可能な環境の構築」というものは、昨今のコロナ禍と関係なく、独立当初、むしろ独立前から進めていました。

　もともと私は、図書館ではなく自宅で勉強するタイプだったので、「事務所でなくとも仕事するには」という発想を、自然にもっています。

　あらゆるクライアントのあらゆる案件に関する全てのデータはクラウド上に保存されており、自宅・事務所のPCで完全同期されていますし、ノートPCにも契約終了済のクライアントの案件などを除くほぼ全てのデータが同様に同期されています。「全て」というのは文字どおりで、例えば郵送で届いた書類も即座にスキャンされてクラウド上に保存され、したがって各PCに即時に同期されますし、FAXで届いた書類も自動で同様に同期されます。

　各メンバーのスケジュール、タスクなどもクラウド上で管理されていますし、所内でのやり取りは、顔を合わせてのミーティング以外はチャットアプリ上で行われています。

　人間同士が顔を合わせて行うミーティングは、複雑な法律問題に関する議論、難易度の高い案件における戦略策定といった場面では極めて重要です。

しかし一方で、チャットやタスク管理アプリには、情報を正確に記入できる、検索できる、といった長所があります。こうしたクラウド上での管理は、対面コミュニケーションを要求しない業務においては、効率化につながります。対面コミュニケーションの重要性を無視せず、しかしそれが要求されない業務は徹底的に効率化を図る、というのが基本的な方針です。

 弁護士会の活動への参加

正直なところ、私自身は全くといってよいほど行っていません。

ただ、弁護士の数も増えてきましたし、弁護士会活動を積極的に行いたいというアソシエイトを今以上に支援する体制をつくるべきではないかと考えています。

14 ワークライフバランス

「ワークライフバランスを守れる」以外の選択肢「も」用意する

私自身はワーカホリックに近いと思います。

メンバーについては、各人のバランスを尊重したいと思っています。実際、前述のようにリモートワーク可能な環境をつくっていたこともあり、あるライフイベント関連で1年弱リモートだったアソシエイトも、その期間、稼働量は下がったとはいえ、弊所に欠かせない戦力として機能し続けてくれました。また、私が弁護士登録1年目から雇っている秘書は、ライフイベントの関係で少し前からリモートワーク中心になっていますが、変わらず私の業務をフルにサポートしてくれています。

ただ、多くの事務所とあえて逆のことをいえば、「弁護士以外のスタッフに、『ワークライフバランスを守れる』以外の選択肢『も』用意する」ということは重要だとは思っています。

弁護士業界における弁護士以外のメンバーは、基本的に「秘書」「事務」「総務」であり、「よい労働環境」はほぼイコールで「ワークライフバランスを

守れる職場」、言い換えれば、「賃金は安いが休みなどをとりやすい職場」といった意味になっていると思っています。

　ただ、ワークライフバランスに関する考え方は文字どおり「人それぞれ」のはずです。少なくとも法律業界に限定しない社会全般についていえば、仕事で能力を発揮したいと考える弁護士資格非保有者は（当然ながら）存在します。そうした人材に活躍の場を用意し、その能力を取り入れなければ、弁護士業界の発展はその分遅れると思います。弊所の、前述のようなソリューション提供は、その試みの1つです。

　私はもともとIT業界にいましたが、IT業界の「主役」は、弁護士業界の「主役」が弁護士であるのと同質に、エンジニアです。しかし「エンジニアさえいればIT業界は発展する」ということはありません。エンジニアの周囲には、優秀な非エンジニアのメンバーが必要不可欠です。早い話、「自分はエンジニアでなくプログラムを書けないが、例えば人事としてIT企業に就職し、社会の発展に貢献したい」と考える総合職は、当然ながら存在します。そして、そうした人材をメンバーとして迎えることで、IT業界は発展してきたはずです。

　「低賃金でも休みはとりやすい」というだけでは、そうした人材を、弁護士業界に呼び込むことはできません。弁護士業界においても、上記の構図は同様だと思っています。

　……もちろんこの話は、あくまで上記のとおり、「『ワークライフバランスを守れる』以外の選択肢『も』用意する」という話です。ワークライフバランスを守ることの重要性を高く設定しているメンバーとの関係では、それを守り続けなければいけないのは当然です。

15　今後、事務所をどのように経営していきたいか

　もともと、拡大を目指さないのであれば、前の事務所にせめてもう少し長くお世話になっていたいとは思っていました。

　もちろん拡大それ自体は目的ではありません。

しかし、顧問先企業様からのさまざまなご依頼、例えば大型の風評被害対策や情報漏洩、不正アクセスといった案件、大規模M&Aといった案件にスピーディーに対応するためには、組織が必要です。また、新しいタイプの大型業務、例えば少し前でいうところの仮想通貨取引所の申請といった業務に挑戦するためには、「挑戦時点では先行きが見えない業務に人員を割く」ということを行うためのリソースを有する組織が不可欠です。

　対社会といったテーマでも、弊所は「テクノロジー・社会・人類の進化を促す」というキーワードを掲げ、「進化を促す存在」として、映画『2001年宇宙の旅』のモノリスを名乗っている事務所です。社会や世界や人類といったものとの、いわば「接地面積」を増やさなければそれは実現できません。規模というものは、ある種、その接地面積に関するKPIだと思っています。

経費について

　法律事務所を開設するにあたり、開業資金、売上げに加えて気になる点としては、事務所を維持していくうえで毎月必要となる経費の問題があるかと思います。

　もっとも、法律事務所の経費のほとんどは固定費であり、月ごとの変動も少ないものであることからすれば、その金額については事前に予測が可能であり、経費の項目さえきちんと押さえておけば、不測の支出というものはあまりありません。

　また、法律事務所の経営は大規模化しない限り単純であり、極めて大雑把に言えば「売上げ>経費＋生活費＋税金」であれば成り立ちます。生活費を必要以上に削減することはめぐりめぐって仕事のクオリティを下げることからおすすめできませんし（私たちは生活のために仕事をしているのであって仕事のために生活をしているわけではありません）、税金については売上げと経費からある程度自動的に決定されるものですから、この不等式を満たすためには、「売上げ」を増やすか「経費」を減らすかとなります。

　「売上げ」を増やすことについてはもちろん必須なのですが、「売上げ」については最終的にはどうしても「運」の要素が絡む（依頼をするかどうかについては最終的には相談者が決めますし、同一類型の事件であっても単価はかなり異なります）のに対し、「経費」については前述のように固定費がそのほとんどを占める法律事務所においては、主体的にコントロールが可能であるのは経費ということになります。

　なお、経費は一度かけると削減することが難しいという性質があり（家賃を下げるためには事務所を移転する必要があり、一度発生した人件費を削減することは容易ではなく、広告費をかけて集客をするのであれば広告費をかけ続ける必要があります）、必要以上に制限的である必要はないものの、事務所経営の方向性からして必要性がない部分の経費については慎重になるべきであると思います。

　もっとも、必要な経費をかけないようであれば、事務所の成長が阻害されることから、自分の事務所が目指している方向性を考え、どのような経費をいくらかけるのかについて検討しておく必要があります。

　事務所の維持にかかる主な経費としては、固定費として家賃（管理費を含む）、人

件費（給与、賞与、交通費及び社会保険料）、光熱費（電気代、水道代）、コピー料金（カウンター料金）、リース費用、通信費（電話回線、インターネット回線、携帯電話）、ソフトウェア使用代金（判例検索ソフト、各種管理ソフト等）、消耗品費、弁護士会費等があり、これらはほぼ毎月の金額が固定されていることから予測が立てやすいと思います。

また、図書研究費（書籍及び研修）、接待交際費、宣伝広告費についてはある程度の変動があるかと思いますので、特に広告費についてはどの程度の効果があるかを逐一測定しながらかけていくのがよいかと思います。本書で紹介している各事例においても、広告費をかけている先生方はその効果を逐一測定されています。

これらの費用について開業前に見積もりを出しておき、開業後の実態とすり合わせていくのがよいのではないでしょうか。

最後に、経費ですが、アグレッシブに攻める場合はともかく、売上げの予測からはかなりの余裕をもって設定しておいた方がよいと思います。余裕がない場合、少し売上げが落ちただけでいきなり経費を賄えなくなる可能性があり、その状態は精神に強い圧迫が発生することから、基本的には小さく始めて大きく育てるのがよいのではないでしょうか。

（北　周士）

桑原 淳

PROFILE

◉修習期：65期

◉弁護士会：福岡県弁護士会

◉事務所開業年：2018年1月

◉事務所名：たくみ法律事務所　北九州オフィス

◉事務所住所：福岡県北九州市小倉北区米町1−1−1

　　　　　　　小倉駅前ひびきビル8階

◉事務所の人員構成

　弁護士　　2名

　事務職員　5名（うち、パート職員2名）

◉取扱案件の割合

　一般民事　90％（うち、交通事故被害者側90％）

　企業顧問　10％

◉経歴

　2012年12月　弁護士登録

　2012年12月〜2017年12月　福岡市内の法律事務所にて勤務

　2018年1月　開業

独立開業したきっかけ

イソ弁として入所した事務所で4年ほど経った頃、自分の事務所をもちたいと漠然と考え始め、ボスと雑談的にそのような話をしていました。

当時所属していた事務所としても支店展開をしたいと考えていたようで、ある程度の独立採算方式にて支店をつくってみようということになりました。

 独立開業前の経営に関する考え方

弁護士1名（自分）＋事務職員1～2名くらいで自分の目が全て行き届く範囲で運営したい、自分の収入の確保に加えて、事務職員も給与・賞与などの金銭面や有給消化のしやすさなど就労環境面から働きやすい職場にしたいという思いがありました。

取扱業務については、もともと交通事故の被害者側の事件に注力していましたので、同じように交通事故の被害者側に注力していきたいと考えていました。

また、司法試験を受ける前に民間企業の法務部で3年ほど勤務していたことから、中小企業をメインとした顧問業務も手掛けていきたいと考えていました。

3 支店長としての独立

形式的にはもともと所属していた弁護士法人で新たに支店をつくり、その支店長に就任するという形で独立しました。

税務上の会計は弁護士法人として一体ですが、管理会計上は両者を分けて、支店の売上げから支店の経費を引いた金額をベースとして私の収入が決定されます。

事務所規模、開業場所の選定、開業資金

　事務所規模としては、前記のとおり、弁護士１名＋事務職員１〜２名くらいを考えていましたので、多少の余裕もみて、坪単価１万円以下で、20〜30坪の広さで探しました。

　開業場所としては、裁判所の近くではなく、相談者・依頼者の利便性を考えて、地域の主要駅と見込んだ小倉駅の近くで探しました。

　開業資金は、テナント初期費用＋内装費＋運転資金数か月分として、1,000万円を準備しました（所属していた事務所から援助してもらえました）。

　もっとも、実際の開業資金は1,000万円もかかりませんでした。

５　人事労務関連

　事務所開設時に求人サイトを通じて事務職員１名を正社員で雇用し、案件全般や庶務、外回り等をお願いしていました。

　開業当初はあまり案件がない状態でしたが、幸いにも案件数が増えていき、人手が足りなくなっていったため、徐々に人員を増やしていきました。

　どの方も法律事務所未経験での採用で、はじめは苦労することもありましたが、今ではとても頼りになる存在です。

　事務職員とは定期的に面談を行い、業務スキルの確認とあわせて、所内の人間関係の調整などをすることもあります。

　また、年２回、勤務評価を行い、当該評価に応じて賞与や昇給を決めています。

　開業３年目に入った頃、中途で弁護士を採用し、現在は、私を含めて弁護士２名、事務職員５名（うち、週２〜３日勤務のパートが２名）となっています。

　就職状況が大幅に改善したのか、弁護士採用はかなり困難な状況になっていると感じます。

6 取扱案件の詳細

　事務所開設当初から交通事故の被害者側を中心に事件を取り扱い、顧問先も徐々に増え、顧問業務も増えてきています。交通事故の被害者側を中心に事件を取り扱う中で、保険代理店とのつきあいも広がっていき、その保険代理店の顧客を顧問先として紹介してもらえるようになってきました。

　もっとも、取扱案件の内訳・比率については事務所開設時からそれほど変わっておらず、案件数ベースですと、80％ほどは交通事故の被害者側事件です。

7 顧客獲得の手法

　開業時はホームページからの集客がメインでしたが、地元の保険代理店とのおつきあいも増えていき、現在は、ホームページからの集客、保険代理店や過去の依頼者からの紹介などが中心です。

　比率的には徐々に紹介件数の方が増えてきています。

8 経営や事務所規模の変化

　もともと、弁護士１名＋事務職員１〜２名程度の小規模で経営していきたかったのですが、ありがたいことに徐々に案件数が増えていき、案件が回らなくなることが出てきてしまったため、中途の弁護士を採用しました。

　今のところ、これ以上の拡大はあまり望んでいませんが、案件処理と事務所マネジメントの両方をするには体力的につらいなと感じることもありますので、自分の負担を減らすため、さらなる弁護士の採用も検討しています。

9 これまでの失敗談

　勤務弁護士の頃は案件のことを中心に働いていればよかったのですが、事

務所開設後は、案件だけではなく、事務所のマネジメントもやらなければならなくなりました。

　そして、事務所開設後間もない頃は、経営に不安があったこともあり、どんな事件も拒まず受けていましたが、結果として、事務所のマネジメント業務とあわせてかなり業務過多となり、精神的にとても疲弊しました。

　また、弁護士１名＋事務職員１名でやっていた頃は、１対１の人間関係だけを考えていればよかったのですが、人が増えるにつれて、所内の人間関係の調整などを行う必要がでてきたりして、そこでも苦労しました。

 弁護士兼経営者としての自身の業務配分

　勤務弁護士時代と変わらず、案件業務が中心です。
　案件業務の隙をみて、事務所のマネジメントを行うという感じです。

 業務を効率化する手法、使用している書籍やデータベース

　記録や書籍は全てデータ化し、クラウド上に保管しています。
　そのため、事務所にいなくてもリモートで業務ができる環境となっており、やろうと思えば自宅でも業務ができます（実際にはほとんど毎日事務所に行きますが……）。
　データ化することで、事務所メンバー間でも記録を共有しやすく、効率化につながっていると感じます。
　また、データを残すことにより、案件が終了すれば、紙媒体の記録はすぐに廃棄できるため、不要な事件記録が事務所スペースを圧迫することもなく、スペースを有効に活用できていると感じています。

 弁護士会の活動への参加

　全くできておりません。

⓭ ライフワークバランス

　平均的なスケジュールですと、平日は朝10時頃に事務所に出所し、21時頃に退所することが多いです。

　他方、土日は月1、2回程度は仕事をすることもありますが、ほぼ仕事はせずにプライベートの時間を過ごすことが多いです。

⓮ 今後、事務所をどのように経営していきたいか

　現状は、ありがたいことに継続的に案件を受任できている状態ですので、このままのペースで安定的に経営していきたいと考えています。

弁護士業務で使用できる公的制度等

　弁護士業は自営業の1つですが、国は自営業者に対していくつかの公的制度を設けています。自営業者は給与所得者と異なり、所得が一定しない、所属組織が社会保障の責任を負っているわけではないという違いがあります。

　このような違いを吸収するため設けられた公的制度は、全額が経費ないし所得控除として認められるので、納税の際に大変有利になります。また老後の生活資金確保等にも十分な内容です。以下に6種類ご紹介します。

1　国民年金・厚生年金

　年金減額などいろいろ言われていますが、納付金は全額所得控除になり、けがや病気などで障害を負ってしまうことになれば障害基礎年金を受給できます。

　保険会社の年金保険では全額所得控除にならないうえ、保険会社の倒産リスクも存在します。客観的に単なる会社の倒産の可能性と国の破綻可能性を比較すれば、会社の倒産の可能性の方が高いといえ、国民年金を万が一のときのための「保険」として見れば有用でありましょう。

　このように「保険」として考え、税額控除分も差し引けば、保険会社の保険と比較しても、掛け金は決して高くありません。

　支払った全額が所得控除の対象となり、所得税及び住民税が控除となります。

　弁護士法人の社員弁護士及び従業員弁護士は、厚生年金に加入することになります。

2　国民年金基金

　国民年金の支払いが前提となります。そのため、弁護士法人の社員弁護士及び従業員弁護士は後述のiDeCoの利用を検討することになります。月額6万8,000円まで掛けられ、掛け金は口数・保障内容によって異なります。受給前に死亡したときには遺族に支払いがされます。配偶者も事務所で働いていれば掛けることができます。基本終身年金です。

　なお、社会保険料は確定申告の際、世帯のうち誰が負担してもよいので、所得の多い人が負担している方が、申告時の税額控除の割合が高くなります。

　支払った全額が所得控除の対象となり、所得税及び住民税が控除となります。

3　iDeCo（個人型確定拠出年金）

（1）国民年金加入者

　国民年金の支払いが前提となります。国民年金加入者は月額6万8,000円まで掛けることができます。掛け金は定期預金や株式のインデックス投資などで運用され、最終的な運用額から年金が支払われることになります。基本有期年金です。

　支払った全額が所得控除の対象となり、所得税及び住民税が控除となります。

　掛け金及び所得控除は国民年金基金との合計額で月額6万8,000円までとなっています。例えば、国民年金基金の掛け金を月額3万4,000円支払っている人の場合、iDeCoには月額3万4,000円までの掛け金しか掛けられません。

　どちらに加入した方がよいかは好みもありますが、国民年金基金の方が終身かつ年金額が確定しているため、個人事業主の場合にはよいのかもしれません。

（2）厚生年金加入者

　個人事業主としての弁護士に対し、弁護士法人で仕事をしている弁護士（社員弁護士だけではなく、従業員の弁護士も含む）の場合、厚生年金の加入対象者となり国民年金基金に加入することはできないため、iDeCoに加入して年金を増やすことになります。

　厚生年金加入者の場合、iDeCoの掛け金は月額1万2,000円～2万3,000円まで幅があります。

　なお、いったんiDeCoに加入した場合、最低月額5,000円の掛け金を支払い続ける必要があります。

　具体的には、弁護士法人で仕事をしていた際にiDeCoに加入していた弁護士が、弁護士法人でない弁護士事務所に転職して国民年金基金に加入した場合、iDeCoの月額最低掛け金5,000円ないし実際の掛け金額を月額6万8,000円から控除した残額の範囲で国民年金基金の掛け金を払うことになります。

4　小規模企業共済

　月額1,000円以上、500円単位で、7万円まで掛けられます。

　死亡時、廃業時、一定の年齢に達したときに支払いがされます。年金のように分割受取りもできるので、働き盛りの所得を老後に回すことができ、所得の平準化が可能になります。また所得の平準化に伴い、税金支払いの分散ができます。

　前納制度を利用することで、割引を受けることができます。

弁護士法人の場合、常時使用する従業員の数が5人以下の弁護士法人の社員は加入可能です。弁護士法人の従業員弁護士の場合、弁護士法人からの給与だけではなく、個人事業主としての所得があれば、個人事業主として加入することが可能です。

支払った全額が経費として認められるので、事業税、所得税、住民税が控除になります。

5　中小企業倒産防止共済

月額5,000円〜20万円の範囲で、5,000円刻みで、総額800万円まで掛けられます。

小売業等の場合には、取引先の倒産等により貸付を低利で受けられる制度になっていますが、弁護士の場合はこのような貸付の対象となっていません。

しかし、全額経費として認められ、必要があれば解約して支払いを受けることができます。なお、掛け金の支払い状況によって、支払い金額の割合は異なります。

利用方法としては、掛け金を掛けたうえで、病気やなにかの事情で売上げが下がったときに、支払いを受けるという方法が考えられます。所得があるときに「貯金」をして、少ないときに払い戻しを受けるというイメージです。預貯金と異なり、経費として認められるため、税額分有利になるのが最大の特徴となっています。

前納制度を利用することで、割引を受けることができます。また前納することで1年分を経費に計上できるので、10月頃に売上げを見ながら掛け金を定めて、12月に1年分を前納すれば、最も効率的に利用できます。

弁護士法人も加入可能です。

支払った全額が経費として認められるので、事業税、所得税、住民税が控除になります。

6　中小企業退職金共済

弁護士自身に使える制度ではありませんが、事務員（配偶者や家族など、青色事業専従者も含みます）の退職金を積み立てる制度です。

掛け金は月額2,000円〜3万円の範囲となっています。一定期間、一部の掛け金について国から補助が出ます。

また、長期にわたって掛け金を納付すると、支払額が相当有利になります。例えば、月額3万円の掛け金で10年加入の場合、掛け金は354万円（国の助成額があるので3万円×120か月よりも少額となる）ですが、支払額は379万6,800円となります。

月額3万円の掛け金で20年加入の場合、掛け金は714万円、支払額は799万9,800円になります。

　退職金は、給与よりもかなり有利な税額設定となっており、事務員が最終的に受け取る金額が増えるので、事務員のためにもなります。

　弁護士法人の場合、社員弁護士は加入することができません。従業員弁護士を加入させることはできますが、24か月未満で解約してしまうと掛けていた金額よりも支払われる金額が少なくなってしまいます。そのため従業員弁護士が長年勤務する予定があり、退職金規程も存在しているのであれば加入を検討することになるでしょう。

　支払った全額が経費として認められるので、事業税、所得税、住民税が控除になります。

7　加入の優先順位

　弁護士の加入の優先順位は、優先する順から1→2・3（重複加入も可能だが枠は同一であるため）→4→5となります。

　後述する年金保険は、これらの制度を活用した後に検討することとなります。年金保険は、支払った保険料のうち一部しか控除とならないため、全額控除の対象となるこれらの制度を先に使う方が低コストで保障が得られることなります。

　人生で一番多額の支払いをする費目は、「税金」です。つまり、控除対象となる制度を利用することが、もっとも支払総額を抑えることになります。

8　民間保険について

　その他、公的制度ではありませんが、民間の生命保険や傷病保険に加入される方は相当数いらっしゃると思いますので、以下にご紹介します。

（1）生命保険

　生命保険は、弁護士会の団体生命保険が最もコストパフォーマンスがよいです。

　弁護士本人は、最大保険金額6,000万円の保険加入が可能です。

　例えば40歳男性で保険金額4,000万円の保険料は、一般の生命保険だと年間保険料13万円前後ですが、弁護士会の団体定期保険の年間保険料は9万円前後で、しかも割戻金（保険料の一部につき返還される金銭）が25%〜50%ほどあります。割戻率にもよりますが、割戻金を控除した実質的な掛け金は7万円弱〜4万5000円程度になります。つまり実質的な保険料は一般の生命保険の半額程度です。

生命保険における積立て式の保険は、「総掛け金－満期金＝差額」が掛け捨ての保険掛け金より高いことがほとんどですので、上記の保険を利用している場合には、掛けるメリットはないといってよいでしょう。

（2）傷病関係

病気等に対する保険は、共済、全労済、生協などの非営利の掛け捨て保険がよいでしょう。営利会社の保険は保障内容を比較するとやはり割高です。満期返戻金が発生するような保険は、「総掛け金－満期金＝差額」が掛け捨て保険よりも高くなってしまうので、やはり避けた方が無難です。

（3）所得保障保険

所得保障保険については、好みによりけりといったところでしょうか。所得保障保険の支払い基準がわりと厳しいという話もあるようなので、私見では、所得保障保険を契約しなくても５の中小企業倒産防止共済の掛け金を十分に積み立てておけば足りるのではないかと考えます。

（4）年金保険

弁護士会の団体定期保険加入勧誘と同時に年金保険の勧誘が行われています。

しかし年金保険は、保険料の支払いのうち一部しか控除対象とならないため、１～５に加入したうえで、余裕があれば加入を検討するという位置付けではないかと思います。

なお、高金利通貨の外貨建て保険の勧誘が年金保険を含めた保険（終身保険や養老保険）で行われることが多々ありますが、絶対にやめておきましょう。

高金利通貨は必ず対円で安くなる運命にあります。例えば、高金利通貨１単位＝100円が通貨安で高金利通貨１単位＝50円や10円になってしまうということです。これは高金利通貨であることから必然的にもたらされる結果で、保険設定時の対円レートがそのまま維持されることはあり得ません。金融機関等でも高金利通貨に対する投資はハイリスクだとされており、高金利通貨の外貨建て保険契約を締結する理由はなにもありません。

（5）個人賠償保険（日常賠償保険）

弁護士業務に関する損害については弁護士賠償責任保険でカバーがされます。

しかし弁護士が業務外で賠償責任を負う場合、弁護士賠償責任保険では支払いがされません。

そのため、弁護士はなんらかの個人賠償保険に加入しておく必要があります。個人

賠償保険は、傷病関係の保険等に附帯することも多いため、保険内容の確認をしてください。賠償限度額は交通事故の事例を考えると最低1億円は欲しいところです。できれば2億円ないし3億円にしておきたいです。

契約によっては、同居のご家族が起こした事故についても賠償対象となるため、お子様が発生させた事故についても賠償対象となります。昨今、自転車事故による賠償がニュースとなることがあります。自転車事故等でも相手方死亡の場合には自動車事故と同様に賠償額が1億円超となることも十分あり得ますが、個人賠償保険による賠償対象となるため、自動車保険と同じように加入しておけば万一の際にも安心です。

概ね保険金額1億円当たり年間保険料2,000円～3,000円が相場のようですが、例えば、三井住友カードのポケット保険だと家族型の3億円限度額で年間保険料3,720円（月額310円）などとかなり安価です。保険料とは別途カードの年会費が1,000円少々かかりますが、それを含めても保険料としては安いと思われます。

弁護士の場合、個人賠償責任を負った際に破産するという選択肢がとれません。弁護士業務における賠償は周知のことですが、職業柄、個人賠償についても対応可能なようにしておくことが必要です。

9　おわりに

公的制度及び保険について説明しましたが、年金等については65歳以降に月額最低いくらの収入が必要なのかを前提にこれらの制度を組み合わせていくことになります。

例えば、配偶者と併せて月額収入30万円で十分だとしたら、月額60万円の収入が発生するような掛け金の掛け方をしても意味がありません。

掛け金の支払いすぎで現在の収支が苦しくなっても仕方ありませんので、65歳以降に月額でいくら必要となるのか、現時点の予定ではどの程度の収入が予定されていて足りない金額がいくらなのかをはっきりさせたうえで、足りない部分を埋めるように各種制度の利用を検討することになります。

（取手総合法律事務所・茨城県弁護士会

貝塚　聡）

小林 航太

PROFILE

◉修習期：70期
◉弁護士会：神奈川県弁護士会
◉事務所開業年：2019年

◉事務所名：法律事務所ストレングス
◉事務所住所：神奈川県横浜市西区みなとみらい3-7-1
　　　　　　　オーシャンゲートみなとみらい8階

◉事務所の人員構成
　弁護士　1名

◉取扱案件の割合
　一般民事事件　30％
　家事事件　　　30％
　顧問業務　　　40％

◉経歴
　2017年12月　弁護士登録
　2017年12月〜 2019年6月　横浜市内の法律事務所にて勤務
　2019年7月　事務所開業

法律事務所ストレングス代表の小林航太と申します。NHKの『みんなで筋肉体操』に出演していた筋肉弁護士といえば、わかる人も多いかもしれません。おかげさまで、NHK紅白歌合戦にまで出演することができたのはよい思い出です。

① 独立開業したきっかけ

さて、まずは独立のきっかけですが、2018年の夏頃から、例の『みんなで筋肉体操』出演をきっかけに、イソ弁としての勤務の傍ら、芸能活動などもするようになりました。芸能活動については、平日の勤務時間後（定時というものはありませんでしたが、19時頃には帰宅する弁護士も多いホワイトな事務所で勤務していました）や土日など、できる限り事務所の業務に支障が出ない日時でスケジュールを調整してもらっていました。しかし、それでも時にはどうしても平日の日中でなければスケジュールが合わないということもあり、他の弁護士や事務所に迷惑をかけることも少なからずありました。

当時勤務していた事務所は街弁事務所だったのですが、勤務時間は決して長くなく、受任ルートの性質上筋の悪い事件も少ない一方で、給料は非常に高い、と街弁事務所としては破格の待遇のよさでした。ですから、事務所にとどまって事務所事件をこなしながら芸能活動もするというのも選択肢の1つではありました。しかし、やはりどうしても時間の融通が利くようにしたかったのと（私としても平日の日中に事務所の仕事をほっぽり出して芸能活動をするのはばつが悪かったですし、元ボス弁も私の活動には肯定的だったものの、頻繁に事務所の仕事以外の理由で事務所を留守にするイソ弁には内心よい顔はしていなかったでしょう）、1年ほどイソ弁として勤務してみて、勤務弁護士という働き方があまり自分には向いていないと思うようになっていたこともあって（簡単にいってしまえばただの社会不適合者です）、2019年の初め頃には独立を考えるようになりました。当時は独り身で守るべきものがなかったことも、独立を後押しした理由の1つかもしれません。イソ弁

を続けて確実に給料をもらえる方が独立するよりははるかに安定しています
し、もし守るべき家族がいたら、軽々に独立しようという発想には至らなかっ
たと思います。

　独立を考えるようになって、2019年の春頃には元ボス弁に独立の意向が
ある旨を告げました。兄弁たちへの事件の引継ぎも徐々に済ませて、2019
年6月下旬には退職し、7月1日に事務所設立に至りました。と書くと非常
にスムーズに独立ができたように見えますが（少なくとも嘘は書いていませ
ん）、細かい経緯を知りたい方は直接私に質問するなりしてください。

② シェアオフィスを選択

　独立に向けての準備は、独立の2、3か月ほど前から始めていました。も
ちろん、『弁護士　独立のすすめ』の第1弾も読みました（笑）。

　一番大事なのは、事務所をどこに構えるかという開業場所の問題かと思い
ます。

　後述するとおり、売上げの見込みが立っていない中での独立でしたから、
極力初期費用を抑えたいということが念頭にあり、事務所用物件を賃借する
のではなく、シェアオフィスに入居しようと考えていました。そこで、横浜
のみなとみらいにある「WeWork」という大手シェアオフィスを選択しま
した。WeWork オーシャンゲートみなとみらいはちょうど前年（2018年）
末にオープンしたばかりで、どういう場所か気になっていたところだったの
で、独立の準備を始めてから真っ先に見学をして、他のシェアオフィスは見
学することなく WeWork に即決しました。WeWork のメリットについて
は後ほど詳しく述べますが、それらのメリットはさておき、オフィスがきれ
いでとても今風だったのが一番の決め手になりました。独立に向けての準備
をしていた時点では、独立の正確なタイミングがいつになるか未定であった
こと、一定期間賃料が半額（！）になる期間限定のキャンペーンをしていた
こともあって、独立の2か月前には前もって契約し、オフィスのスペースを
押さえておきました。なお、私が契約した時点で、すでに弁護士が1名入居

していました。

　みなとみらいは比較的裁判所や官公庁へのアクセスもよく（横浜地裁のある日本大通り駅まで２駅、東京地裁へも一度の乗換えで行けます）、横浜市営地下鉄線・ＪＲ（桜木町駅）とみなとみらい線（みなとみらい駅）と、複数の路線が利用できるため、来客のアクセスがよい点も高ポイントでした。

　弁護士登録をした横浜（神奈川県弁護士会）で引き続き事務所を開設したわけですが、私自身横浜で生まれ育っており、さらに母が横浜で社会保険労務士をしていることもあって、横浜が何かと都合がよいという理由がありました。現在、住居は都内に引っ越していますが、通うのにそれほど不便を感じていないので、事務所の移設・登録替えをする予定は今のところありません。

　事務所用物件を賃借する場合と比べて、シェアオフィスの場合は初期費用が抑えられ、煩わしいことを考えなくてよいというのが最大のメリットでしょう。事務所用物件を賃借する場合は、内装費や什器備品（特に複合機）の導入費用が一番のネックになるかと思いますが、これらがかかりません。WeWorkの場合は、机・椅子・棚・複合機など最低限の什器備品は整っています。複合機はリースにするか購入するかといったことや、電気、水道、インターネットなどの諸契約のことも考えないで済むので、開業にあたっての煩わしいことから解放されます。契約してノートパソコンを持ち込みさえすればその日からでも最低限の仕事はできる、とにかく手軽に利用することができるのがシェアオフィスの強みです。ただし、私がいる所は、インターネットの回線や複合機の性能があまりよくないのがネックです。

　WeWorkでは、利用者が気軽に参加できる交流イベント等も頻繁に開催されており、さまざまな業種の人と知り合う機会が自然と生まれます。これによって余計なコストをかけずに営業活動ができることも魅力の１つだと思います。私の場合、「筋肉体操のあの弁護士が入居するらしい」とWeWork内でちょっとした話題になっていたそうで、そのおかげもあってか、入居後すぐに知り合いをつくることができました。私はまだ実施したことはありませんが、自身が主催者となってセミナーを開催することもできるので、セミ

ナーを通じた集客というのも可能です。

　また、WeWorkでは、毎月支給されるクレジットを使用し、会議室を利用することができるので、来客対応する際にはこれを利用しています。ただし、支給された無料分のクレジットを使い切った場合は追加でクレジットを購入する必要があります。複合機での印刷も同様のクレジット制（白黒印刷で何枚まで無料、カラー印刷で何枚まで無料といった具合）になっています。

　電話回線は用意されていないので、スマホのアプリで利用できるIP電話（050から始まる番号です）を1回線契約し、スマホでどこでも電話を受けられるようにしました。必需品であるファックスも、eFaxを契約しました。eFaxはメールでファックスを受信するので、出先でも確認ができ、非常に便利です。印刷するまでもない内容（広告など）は印刷しないで済むのもよい点です。

　WeWorkはレンタルオフィス・シェアオフィスの中でも賃料が高い方だそうですが、都内のWeWorkと比べれば、みなとみらいの賃料はかなり控え目のようです。具体的には、1人部屋の個室で、月額8万7,000円及び消費税という価格です。この価格で、きれいなオフィスが使えて、会議室利用可、複合機利用可、コーヒー等飲み放題（夕方からはビールも飲めます）、他業種の人と知り合える場がある、賃料の支払い以外に煩わしいことは考えなくてよい、という具合なので、（特に面倒くさがりな人には）非常によい条件だと思います。

 ワンオペでの業務

　自由な時間をつくりたい、というのが独立の大きな動機でしたから、共同経営での事務所設立は全く検討していませんでした。また、契約したオフィスも一部屋の広さでしたので、事務職員を雇用する物理的な余裕がなく、後述するとおり独立当初の業務量からするとそもそも事務職員に頼る必要もなかったため、ワンオペでの業務を選択しました。

　独立前は、自分で訴状を裁判所に提出したこともなければ職務上請求書を

役所に送ったこともありませんでしたが、「まあ、調べればなんとかなるだろう」と思っていました。実際なんとかなっています（笑）。独立にあたって、一応、法律事務職員向けのテキストも購入しましたが、ほとんど参照することなく業務をこなせています。

　所属していた事務所では、事務仕事は事務職員任せだったものの、弁護士から事務職員に対してある程度具体的な指示を出す仕組みにはなっていたので、少なくとも、何をする必要があるのか、何をどれだけ準備する必要があるのかというイメージはもてていました。このことが助けになったように感じます。ワンオペでの独立を考えている方は、イソ弁先で事務職員がなにをしているのかよく観察しておくとよいかもしれません。

　もっとも、ワンオペで仕事をする以上は、事務作業の効率化は意識すべきだと考えています。日本郵便のe内容証明、オンラインによる登記事項証明書等の交付請求等、前事務所では取り入れられていなかったものも積極的に取り入れて業務の効率化を図っています。

　会計についても、クラウド会計ソフトを利用して、非常に効率的に帳簿付けをしています。私が利用しているのはマネーフォワード　クラウドですが、ネットバンクやクレジットカード等と連携することができ、連携先から入出金のデータを取り込むことができます（他のクラウド会計ソフトでも同様の機能はあるかと思います）。諸経費の支払いを原則として事務所用のカードで統一し、事務所用の口座とカードを全て連携しておけば、個別に入力する必要があるのは、現金でのやり取りくらいで済みますから、毎月の入力の負担が劇的に減ります。毎月こまめに連携データを取り込み、現金でのやり取りを入力しておけば、確定申告の時期に焦らないで済みます。おかげで今年（2021年）の確定申告は、申告期間初日に申告できました。

④ 開業の初期費用

　初期費用は、契約に際して賃料の2か月分のデポジットを支払ったほかは、最低限の事務用品（封筒、切手、ファイル、文房具等）を取り揃えたくらい

でした。パソコンも開業後しばらくはもともともっていたノートパソコンを利用していました。事務所開設時点での初期費用としては30万円もかからなかったのではないかと思います。当然、開業資金の融資を受ける必要もなく、貯金から支出しました。賃料の安いシェアオフィスを選べば、初期費用はもっと安く抑えられることでしょう。

5 事務所名やホームページ

　事務所のホームページは、Google Workspace（旧：G Suite）の機能を使って自分で作成しました。ホームページからの集客というのはあまり考えておらず、一応ホームページをもっているという体裁を整えるためにとりあえずつくったという感じです。Twitterはフォロワーが4万人ほどいますから、Twitter経由でホームページを見る方もいると考えて、Twitter経由の方が問い合わせしやすいように、ホームページには問い合わせフォーム（これもGoogle フォームで作成しました）を設置してあります。問い合わせフォームからの問い合わせは結構あるので、問い合わせフォームを設置して正解でした。

　事務所開設後しばらくして、事務所のロゴは外部に発注して作成しました。これも広い意味では初期費用に含まれるかもしれません。Lancersというサービスを利用しましたが、このサービスでは、作成を依頼したいものの条件を設定して募集をかけると（例えば、法律事務所のロゴを〇万円で）、登録しているフリーランサーたちが実際に依頼品を作成して応募してきます。その中から一番理想的なものを選んで納品してもらうことができ、その対価として報酬を支払う、という仕組みになっています。ロゴの作成は知り合いのつてを頼ることも考えたのですが、自分の中でロゴのアイデアやイメージがあまり固まっていなかったので、さまざまなアイデアが出てくることを期待してこのサービスを利用しました。結果、多数の応募があり、ストレングス（Strength）のSの字をモチーフにした素晴らしいロゴになりました。

　なお、「法律事務所ストレングス」という事務所名は、「依頼者の"力"に

なりたい」という想いを込めてつけました。というのは半分本当で、筋肉に関係した名前にしたいけどあまり直球過ぎるのもなあということでストレングスにしました。「ストリングス」としょっちゅう間違えられるので、呼び間違えられない名前にした方がよかったかなとは少し思っています。

⑥ 毎月の固定費

　毎月の固定費も、開設当初は、賃料のほかは、IP電話、eFax、Google Workspace、判例検索サービス等の利用料と弁護士会費くらいで、合計20万円もいかないくらいでしょうか。後述するとおり、開設後にポータルサイトの広告も出すようになったので、現在はこれにその広告費も加わるくらいです。電話代行サービスの利用も検討しましたが、どこでも電話を受けられるので不要と考えました。

⑦ 独立して

　正直なところ、かなり行き当たりばったりの独立だったと思います。独立当時（なんなら今でさえも）、明確な経営プランを抱いていたわけでもなく、1人で自由気ままにやっていきたいなあというかなり舐めた姿勢でした。イソ弁から独立する目安として、顧問先が何社だとか、個人事件の売上げがいくらだとか、そういったものが挙げられることがありますが、実は、私の場合は、顧問0社、個人事件の売上げも国選事件くらいの状況から独立しました。こうして改めて振り返ると、ほんとによく独立したなと思います。

　ですが、独立したいと思ったときこそが独立するタイミングだと個人的には思います。自由に時間を使えるようになり、全て自分の裁量で仕事ができるようになって、独立してよかったなと思うことこそあれ、後悔したことは（今のところ）ありません。

　さて、顧問0社からのスタートでしたから、開業1年目（特に最初の半年間）は結構暇でした。知人からの受任や知人から紹介を受けて受任するほか

は、ネット経由で私のことを知った人からの受任もあり（『筋肉体操』様様です）、またWeWork内で知り合った人から受任することもありました。こういうこともあるのがWeWorkのよいところです。とはいえ、時間を持て余し気味でしたので、空いた時間に筋トレばかりしていました（笑）。おかげでボディコンディションの維持に注力でき、コンテスト（NPCJ World Legends Classic 2019 フィジークノービス 168cm以下）でチャンピオンになることもできました。そんな呑気な生活を送れたのも、固定費が抑えられていたので、しばらくは貯金を切り崩せば耐えられたというのが大きいと思います。

　開業したてのときにやりがちなことかと思いますが、仕事欲しさに、正直受けたくないような筋悪な事件をつい受けてしまったり、過度に値下げしてしまったり、ということもこの時期に実際に経験しました。受任できたそのときはよいかもしれませんが、やはり後々大きなストレスを抱えることになります。受けたくない事件・依頼者を自由に断れる、というのは独立の大きなメリットだと思いますから、これは受けたくないなあと思う要素が少しでもあれば、断ってしまうのが望ましいです。

　費用設定についてはいまだに悩むことも少なくなく、特にこれまで受けたことのない類型の事件や業務だと、適正な金額かどうかわからないことも多いです。よその法律事務所のホームページに掲載されている料金表を参考にすることもありますが、1つだけいえるのは、金額を安く設定して後悔することはあっても、逆はない、ということです。経営者として、ここは強気にいきましょう。

⑧ 現在の受任ルート

　業務を続ける中で少しずつ顧問先も増え（WeWork内で顧問先になっていただいた会社もあります）、現在の受任のルートは、知人・顧問先からの紹介が中心です。開設後しばらくしてから有料のポータルサイトの広告を出すようになったので、そこ経由の受任もあります。ポータルサイトの広告は

いくつか試しましたが、分野を広げて集客を狙うよりも、特定の分野に限定した広告の方が、費用対効果が高い印象です。地方だと事情は変わるのでしょうが、登録している事務所数・弁護士数が多い都市部だと、よほど差別化（というか追加のオプションなどに金を突っ込む）をしないと、思うような成果は上がらないのではないかと思います。

　また、広告を出す際は、「ちょっと電話で聞きたいんだけど」などの、受任につながらず無駄に時間をとられるだけの連絡をいかに事前に排除するかという点は留意した方がよいかもしれません。電話（無料）相談などを謳うと、そういう連絡ばかり入って頭を抱えることになります。私が契約をやめたポータルサイトの1つは、電話をとっても受任につながることがほとんどなかったせいで、そのポータルサイトの経由の電話がかかってくること自体が嫌になっていました（笑）。

　業務の割合としては、顧問対応の他は一般民事事件と家事事件が半々ずつといった具合で、分野はわりとなんでもやっています。分野の好みに応じて広告戦略を練った方が、ストレスレスに業務ができるのではないかと思います（私はあまり分野の好き嫌いはありません）。

⑨ 最後に

　本稿の執筆時点で事務所開設から1年と9か月ほどですが、毎月それなりの売上げは立っている状況で、ワンオペでも細々ながらなんとかやっていけているという状況です。自分の一存で時間を自由に使えて売上げもそれなり、という生活は悪くはないので、しばらくは今までどおりワンオペでの経営を継続するつもりですが、いかんせん行き当たりばったりな性格なので、急に方針転換する可能性も否定できません。

　あまり参考にならなかったかもしれませんが、（こんないい加減でも独立してやっていけるんだなという意味で）本稿が、独立を考えている皆さんの一助になれば幸いです。

佐藤 塁

◉修習期：65期

◉弁護士会：東京弁護士会

◉事務所開業年：2016年1月

◉事務所名：ネクスパート法律事務所

◉事務所住所：東京都中央区京橋2‐5‐22 キムラヤビル7階

◉事務所の人員構成

　弁護士　　30名

　事務職員　24名

◉取扱案件の割合

　家事事件　　　　　　40%

　企業法務　　　　　　15%

　刑事事件　　　　　　10%

　債務整理関係　　　　15%

　その他一般民事事件　20%

◉経歴

　2012年12月　弁護士登録

　2012年12月〜2015年12月　都内法律事務所にて勤務

　2016年1月　開業

　2016年7月　法人化

経営者複数名

❶ 独立開業したきっかけ

　私が独立前に所属していた法律事務所のボスの影響が大きかったです。

　前事務所はボスの優れた経営手腕によって急成長をしておりました（今で
は弁護士業以外の事業でも大きく成功されています）。ボスとは公私ともに
仲良くさせていただき、事業成長する姿を目の当たりにすることができたた
め、このまま学んでいきたいという気持ちと逆に、自分もいつか独立して事
務所経営をしてみたいという相対する2つの気持ちが2年目くらいから高
まっていきました。

　そんな中、当時の勤務時間は平日が概ね9時から24時、土日もどちらか
は出勤しており、業務内容は債務整理や少額債権回収など比較的定型的な業
務が多く（私は定型処理作業をこなし続けるというのが得意ではありません
でした）、このままでいいのかという悩みもありました。

　そのような理由から、結果として丸3年間アソシエイトをした後、独立開
業することにしました。

　なお、独立にあたっては、できるだけ早く退所の意向を伝えるようにして、
引継ぎなどで迷惑をかけないようにすることが重要だと思います。私も独立
の半年以上前には退所の意向を伝え、開業準備を進めていきました。

❷ 経営手法の選択

　独立については、現在の共同経営者の寺垣俊介と独立1年前くらいからぼ
んやりと話が始まりました。寺垣とは東京修習の班が同じで、お互いの事務
所が近かったこともあり、定期的に飲んだりしている中で独立の話が浮上し
てきました。

　共同経営とした理由は、1人ではリスクが大きく不安だと感じていたこと、
事務所経営について相談できる相手がいた方がよいと思っていたためです。

　共同経営にあたっては、経費・利益・業務負担については、完全に折半す
ることを開業前に決めました。これは、共同経営で失敗した先生方の話を聞

いていく中で、経費負担のバランスがかたよっている、利益の配分でもめた、どちらかだけ忙しいなどで解散となった話が多かったからです。

なお、業務（実務、マネジメント、銀行振込などの細かいことまで）については、明確に業務を分担することはしませんでした。重要な事項については、相談して決定し、軽い事項は気づいた方やできる方が対応するようにしています。

開業5年目になりますが、今のところ共同経営は順調です。個人的には寺垣の作業量が多くなっていないか、バランスが悪くなってないか等に気をつけています。

また、お互いあまり細かくないところがうまくいっている理由の1つだと思います。

関係性は、コンビ芸人の相方みたいな感じで、コンビ芸人の悩みとか聞くとけっこう刺さります（笑）。

③ 独立開業前の経営に関する考え方

寺垣と協議し、個人のお客様向けのWEB集客とベンチャー企業法務の2本柱で売上げを立てることにしました。売上げは、5：5ないし6：4くらいになればよいと考えていました。

（1）WEB集客について

当時はまだまだポータルサイトでの集客ができている時代でしたので、ポータルサイトを中心に集客していこうと思っていました。しかし、今思えば、開業当時はポータルサイトのことは弁護士ドットコムくらいしかわかっておらず、とにかく使いながら良し悪しを判断していくということになっていました。

ポータルサイトで売上げを立てていくうえで、当初は価格戦略をすることにしました。おそらく同じようにポータルサイトを使っているところと比べて2〜3割くらいは費用が安かったと思います。

価格戦略をとったのは、開業当初はとにかく受任して売上げを立てること
が最優先だと考えたからです。

　なお、価格戦略については、お客様がたくさん来るというメリットはあり
ますが、その分弁護士の時間単価は下がりますし、労働力も増えますので、
諸刃の剣です……。この点は「12　これまでの失敗談」のところで詳しく
説明します。

（2）ベンチャー企業法務について

　知人が代表を務める、ネクスパート会計事務所というところが弊所独立前
から存在しており、その会計事務所は、ベンチャー企業に特化した会計事務
所でした。

　ベンチャー企業のフェーズによっては、税務・会計だけでなく、法務の需
要も一定程度あるとのことでしたので、会計事務所と業務連携して法務を弊
所で対応し、ワンストップサービスをつくっていこうということになりまし
た。

　そのようなことから、独立開業前にはベンチャー企業法務にも注力するこ
とを決めました。なお、このベンチャー企業法務に関する目論見は大きく外
れました。詳しくは、「6　取扱案件の詳細」にて説明します。

 事務所規模、開業資金、開業場所の選定

（1）事務所規模

　開業時は弁護士2名だったので、執務スペースと別に個室が1つある15
坪ほどの古びたペンシルビルの一室をオフィスとして選びました。

　事務所規模に関して、現在東京本店含めて10拠点ありますが、開業当初
は支店を出すことは全く考えていませんでした。数年かけて東京オフィスで
弁護士4～5人くらいいればよいかなというイメージだったと思います。

（2）開業資金

　事務所の保証金・礼金、複合機、オフィス家具など、開業時にかかった費用は合計500万円程度でした。

　開業資金については、2人の貯金でなんとか足りましたが、それだけでは心もとなかったので、日本政策金融公庫の融資をそれぞれ個人で500万円ずつ借り入れました。幸い、この融資については、事務所の運営費用にあてることなく返済が終了することとなりました。

（3）開業場所を選んだ理由

　開業地は、市ヶ谷駅にしました。

　絶対に市ヶ谷駅にする！　というこだわりは全くなかったのですが、WEB集客メインで考えていたので、お客様のアクセスを重視しました。具体的には電車の乗り入れ路線数を重要な目安としました。

　例えば、虎ノ門・霞が関周辺は弁護士にとって裁判所が近く便利ですが、個人のお客様にとってはあまりアクセスがよくないので、選択肢から外しました。

　他方、市ヶ谷駅はJR総武線、東京メトロ有楽町線・南北線、都営新宿線と4路線もありました。また、九段下駅からも徒歩圏内でしたので、東京メトロ東西線も含めると、5路線ありました。そのため、東京在住のお客様だけでなく、千葉・埼玉・横浜などに住んでいて、東京で勤務している個人のお客様もアクセスしやすかったのが決断のポイントでした。

　また、開業時は売上げも見えていなかったので、家賃も重要なポイントでした。市ヶ谷駅は、渋谷・新宿・東京駅などと比べると、比較的割安で、家賃は管理費なども含めて税込18万円くらい（坪1.2万円くらい）でした。

　なお、渋谷などのレンタルオフィスなども見ましたが、立地はよいものの、独占利用できるスペースが少ない割には賃料が高く、人が増えたときに困りそうだなと考え、やめました。

5 人事労務関連（事務職員の雇用等）

(1) 事務職員の採用

　事務職員は、開業当初は必要ないと考え、雇いませんでした。

　しかし、2か月目くらいから事務作業をやる時間が結構増えたため、採用を検討しました。正直、売上げには決して余裕はなかったですが、事務作業にあてている時間をお客様の問い合わせ対応や書面作成などにあてることで、事務職員の給与を稼げばよいと気持ちをスイッチして、採用することにしました。

　結論としては、採用して本当によかったと思います。事務作業の負担から解放され、本業もはかどりましたし、精神的に非常に楽になりました。もし思い切って早い段階で事務職員を採用していなかったら、いつまでも事務作業に追われ、売上げ増加もできず、アソシエイト採用も支店出店もなかなかできなかったと思います。

　事務職員を採用しないで事務作業に追われている開業弁護士の方もそれなりにいる印象ですが、私は多少無理してでも採用すべきだと考えています。それが結局売上げ増加や精神面の安定にもつながっていくと思います。

(2) 募集媒体

　事務職員は日弁連のひまわり求人で募集しました。数名の応募がある中で、法律事務所経験者を採用することにしました。弁護士業務で忙しい中、事務職員への指導時間を極力少なくしたかったので、経験者を採用することにしました。給与は、他の募集していた弁護士事務所を参考にし、ほんの少しだけ高い金額にしました。

　その後は、しばらく弁護士2人：事務職員1人くらいの割合にしていましたが、最近は弁護士1人：事務職員1人くらいの割合になりつつあります。

❻ 取扱案件の詳細

　開業当初は、WEB集客での一般民事事件や刑事事件が中心でした。

　他方で、開業当初に目論んでいたベンチャー企業法務はあまりうまくいきませんでした。

　開業後、早速会計事務所からいくつかの案件を紹介してもらったのですが、ベンチャー企業案件は作業量が非常に多く大変な割に、費用を比較的値切られることも多く、WEBでの一般民事案件とあわせて進めるには負担が重すぎました。他方で、WEBでの集客は比較的うまくいっていたので、自然とWEB集客が中心となっていきました。

　開業当初の案件割合は、家事事件30％、残業代請求20％、企業法務5％、債務整理関係5％、刑事事件15％、その他民事事件25％程度の割合でした。

　開業5年経った現在では、家事事件40％、企業法務15％、債務整理関係15％、刑事事件10％、その他民事事件20％程度の割合です。

　開業当初からの変化としては、残業代請求案件が大きく減ったことと、2021年現在で、新型コロナウイルス感染症の影響もあり刑事事件が大きく減ったことです。現在、増えているのは家事事件、企業法務、債務整理案件あたりです。

　このあたりの増加は、広告が最適化できるようになってきたことや支店出店の影響が大きいと思います。最近では弁護士も増えマンパワーも出てきたので、再びベンチャー企業案件などの企業法務案件を増加させています。企業法務案件の方が広告費割合が低いため、企業法務案件も増やすようにしています。

❼ 顧客獲得の手法

　開業当初からメインはWEB集客で、現在もそれは変わりません。ただ、最近の傾向としては、上記のとおり、WEBの一見のお客様だけでなく、顧問獲得などもするようにしています。

私が独立した2016年頃と2021年現在でのWEB広告の状況の違いについて少し触れたいと思います。

　私が独立した当時は、弁護士ドットコム・弁護士ナビ・弁護士相談広場といったいわゆるポータルサイトでの集客で多くのお客様が来てくれました。弁護士1人で月10件以上は受任していました。

　しかし、最近（特に東京）では、ポータルサイトに掲載している弁護士もその当時よりかなり増えておりますので、単純にポータルサイトに載せるだけでやっていけるかというと、かなり難しいと思います。

　WEB集客をするにしても、ある程度の専門性がお客様に伝わるような戦略をとる必要があります。

8 経営や事務所規模の変化

　最初は弁護士2名で始めましたが、WEB集客がうまくいきはじめ、開業5か月後に最初のアソシエイトを雇いました。その頃には案件が増えてかなり業務が手一杯になっていたので、本当に助かりました。

　オフィスは東京だけでしたが、神奈川・埼玉・千葉管轄の案件もそれなりにお問い合わせをいただいたので、適宜対応していました。開業半年もする頃には、東京管轄外の案件もかなり増えてきたので、隣県に支店の出店をすることを決断しました。

　2016年7月頃、ちょうど同期の弁護士が一般民事の法律事務所を退職するという話を聞き、ぜひ支店長になってほしいとお願いし、横浜オフィスの所長になってくれることになりました。これが最初の支店となりました。この横浜支店出店に伴って、事務所を法人化しました。

　その後は、信頼できる同期を中心に支店長になってくれる人を探していき、2017年、2018年と概ね半年に1支店ほど出店していきました。

　2019年は急に人も増えてきたし、いったん内部固めをしましょう、ということになり、出店をとめました。1年かけて内部固めもある程度でき、また、事務所としてさらなる成長をしていくために、2020年から新たに拡大

をしていくことに決めました。

　開業5年半（2021年7月現在）で、弁護士30人、11支店となりました。

　なお、最近、事務所を法人化した方がよいですかと聞かれることがあるのですが、個人的には支店を出すのでなければ、あまり法人化するメリットはないように思います。

⑨ マネジメント手法

　同じようにWEB集客をしている事務所で、規模を大きくしたいが、なかなかできないという事務所もお見受けします。原因はいろいろあるとは思うのですが、最初の支店で失敗すると、その後の支店を出すのが嫌になってしまうようです。また、人の管理が好きでない（苦手だ）とけっこう面倒になってしまうようです。それから、優秀な先生にありがちなのは、自分と同じようにできないことに苛立ち、すぐにアソシエイトを辞めさせてしまうパターンでしょうか。

　正直、私は弁護士実務よりも集客管理、人材採用、経営計画の策定などのマネジメント業務の方が好きなので、そのあたりは自分にあっていたのかもしれません。

⑩ 実務とマネジメント

　実務をする弁護士として優秀であることと弁護士事務所の経営者としてうまくいくことは必ずしもイコールではないと思っています。独立してある程度拡大させていこうと考えている先生は、このことは強く意識しておいた方がよいと思います。

　案件にもよりますが、実際に私の事務所では、私より実務能力が高い弁護士が多くいます。

　特に、支店長の採用は、自分よりも実務ができるか（その見込みがあるか）という目線で常に選んでいます。

そのようなメンバーがいるおかげで、私は安心して経営（重要事項の決定、事業計画策定、人材発掘、集客など）やどうしても自分でやらなければならない案件に注力することができます。

　実務で優秀な先生が独立するとありがちなのですが、このようなことを意識できていないと、いつまでたっても人に仕事を任すことができず、結局自分で事件処理し続けることになります。それが好きな先生はそれでよいのですが、事務所を大きくしたい、実務を減らして経営に専念したいと言いながら限界まで実務をしている開業弁護士が結構いらっしゃいます。

　実務に時間をとられすぎると、いわゆる、第二領域の作業（重要だけど緊急でない作業）をする時間がなくなります。

　弁護士事務所経営でいう第二領域の作業とは、中長期での経営戦略を立てる、人材発掘や採用活動をする、マーケティングチームを編成し、運用する、新規業務開発をする、業務の効率化や低迷している広告を定期的に洗い出して改善する、同業者や他業種の経営者と情報交換をするなど、多くの作業がありますが、忙しいとついつい後回しになりがちです。

　これらができないと、いつまでたっても事務所の将来にとって有益な業務が進まず、現状を変化できないままとなってしまいます。

　私の感覚ですと、弁護士９人くらいまでは寺垣と自分が死ぬほど頑張って受任すれば売上げもなんとかなるかなと思っていましたが、弁護士が10人を超えたあたりから（支店が３つくらいになってから）、自分たちがひたすら頑張っただけでは、もはや事務所を維持するだけの売上げを立てることは難しいというフェーズに入った印象があります。

　自分がプレイヤーとしてひたすら頑張るより、広告の最適化やよい人材の確保などのマネジメント業務に注力した方が、事務所全体の売上げを拡大できると考え始めました。

　そのため、そのころから、任せられる業務は心配でも思い切って任せてしまい（監督することはありますが）、意識的に実働よりマネジメント業務を優先するようにしていきました。

⑪ 弁護士兼経営者としての自身の業務配分

　開業当初は経営といっても、どんな広告がよいのかざっくりと検討したり、資金繰りをちょっと気にしたりする程度で、なによりも自分を含めて売上げを立てることが最優先でしたので、実務9.5：マネジメント0.5くらいの割合だったと思います。

　弁護士10人、3支店を超えるくらいから、経営的な側面での業務量が格段に増えていきました。その頃から、プレイヤー業務の割合よりマネジメントの割合が超えてきて、現在では、プレイヤー1：マネジメント9くらいにはなっていると思います。プレイヤーの1は友人・知人から来た案件、どうしても自分でやってみたい案件です。

⑫ これまでの失敗談

　開業当初に価格戦略に走りすぎたことです。言い方が適切かわかりませんが、もはや法テラスに続く駆け込み寺といっても過言ではありませんでした。とにかく問い合わせ件数は来るのですが、金額だけを重視するお客様は、弁護士業務へのリスペクトというか、弁護士業務に対する対価を軽視されているお客様が一定数いらっしゃり、いわゆる、あまり筋がよくないお客様も多いです。

　思い返すと、低単価案件で疲弊して他の案件をとりこぼすということもありました。低価格でスタートした結果、良くも悪くも受任件数が多かったので、そこから単価を上げる作業もなかなか勇気が必要で進めることができませんでした。結局、最初の2年くらいは単価の安い案件をひたすらこなす状態で経営し続けたと思います。

　当時の心境としては、とにかく受任していないと不安だったので、単価よりも件数という発想となっていました。

　しかし、今になって思うと、単価の低い案件を2件やるより、1件でも単価の高い案件をしっかりとっていけば十分だったかなと思っています。その

方が弁護士の労働時間も減り、時間単価は間違いなく高くなり、労働環境の満足度も上がると思います。

⓭ 業務を効率化する手法、使用している書籍やデータベース

スケジュール管理は、当初、りざぶ郎というスケジュール管理サイトを利用していましたが、最近は、「弁護士手帳」というスケジュールアプリに変更しています。

Google カレンダーとも連携ができたことと、弁護士業務に特化したスケジュールアプリになっていることが所内で評判もよく、これはおすすめです。

書籍は最近になってようやく弁護士ドットコムがやっているデジタル書籍のサブスクを導入してみました。

判例関係のデータベースはWestlaw Japanと判例秘書を使っています。

案件管理システムについては、株式会社 カイラステクノロジーのシステム（Armana）を利用しています。使い勝手は悪くありませんが、サイボウズやLegal Forceと使い比べたことはありません。

⓮ 弁護士会の活動への参加

東京の若手弁護士では比較的少ないですが、私は、東京弁護士会の派閥活動にも参加しています。あまり意味がないのでは？？　という意見を特に若手の先生からよく聞くのですが、私はそれなりに意味があると思っています。

やはり独立して弁護士をやっていると、外部の経営者とのつながりは多くなりますが、業界内部のつながりが結構希薄になってしまいます。

私たちのいる弁護士業界は、かなり閉鎖的な団体ですので、業界の内部の雰囲気や感覚に定期的に触れておくことは重要なことだと思っています。

また、修習期や所属事務所と関係なくフランクに相談できる弁護士仲間ができますので、私にとっては重要な場所となっています。

弁護士会のあり方などについては、いろいろな議論があると思いますが、あくまでご自身に役立つ形でうまく参加することはよいことだと思っています。

ただ、どっぷりやればそれなりに時間をとられてしまいますので、どの程度の距離感で参加するのかについてもご自身でしっかりと判断した方がよいです。

⑮ 今後、事務所をどのように経営していきたいか

現在のところ、弁護士や支店をこのまま増やしていくつもりです。

昨今、弁護士業界でも集客できる事務所とそうでない事務所に大きく二分される状況が起きています。

ネット集客に関していえば、トライアンドエラーをどんどんしながらよい広告を発見したり、最適化したりしていく作業が必要ですが、これにはある程度の広告費が必要となります。

広告費をかける金額が大きくできれば、トライアンドエラーもさまざまな施策をすることもできますので、より早く大きく成長し、多くのお客様にリーチすることが可能です。

かけるべき広告費が少ないとよほど専門性が高くない限り、他の弁護士に埋もれてしまい、そもそもお客様にリーチすることもできず、受任もできません。せっかくの弁護士としての能力もお客様に接触してもらえなければその力を発揮できません。

そのため、弊所では売上げや事務所規模を拡大し、集客力で負けないような規模まではもっていくつもりです。

他方で、事務所をただ大きくすればよいとは思っていません。良い労働環境を提供し満足度感を持って働いてもらうことも同じくらい重要だと思っています。

手前味噌ですが、弊所は弁護士・事務職員で合計しても、離職率が10％以下と低いです。このことは現在勤務しているメンバーに満足してもらって

いる証だと思っています。売上げの最大化や効率化に溺れることなく、弁護士や事務職員に満足してもらえる事務所経営をしていきたいです。

また、弁護士業界はまだまだ新規業務開拓ができておらず、他士業などに比べて集客が未成熟な業界だと思っています。そのため、他の事務所と既存のパイを取り合うというよりも、我々の事務所も含めて新規業務開拓をし、弁護士業界全体のパイを増やし、業界全体の利益が増えるような業務開拓もできることが理想です。

⑯ 今後の事務所開業

もし、私が今の弁護士業界の状況で独立するとしたら、私自身の開業時と同じ方法はとらないと思います。少なくとも東京でポータルサイトを中心に集客することは非常に困難です。

今であれば、なにかしらの得意分野を1つ、2つつくって、それを極めながら似たような内容を横展開し、事務所経営していくと思います。

率直に申し上げれば、以前よりも独立開業のハードルは上がっていると思いますが、読んでいただいた皆さまの今後に少しでも参考になれば幸いです。これから開業される皆さまの成功を心より祈念しております。

独立開業した弁護士は
生命保険加入が必須である

　独立開業するのであれば保険金額が1,000万円以上の生命保険への加入は必須と考えてください。

　独立開業している弁護士が死亡した場合、最低でも事務所の閉鎖費用（事務所の原状回復や書類・書籍の処分費用）及びある程度の事務処理費用（依頼者全員に連絡をして、現時点での経費等を全て精算し、受任事件を引継ぎ等してもらうために事務員に支払う給与等）は必ずかかります。これだけでも1,000万円は見ておいた方が無難です。

　弁護士が1人の事務所で、弁護士が若くして亡くなられたケースを目にしたことがあります。事務員が弁護士の配偶者であったため、事務処理は全部行われたようですが、賃借していた事務所の原状回復等に苦労されたと聞いております。もし事務員が弁護士の肉親ではなかった場合、無償で引継ぎに必要な事務をやってくれと頼むことは不可能または相当困難でしょう。そのため、一般的には引継ぎ事務を行ってもらう間の事務員への給与支払いの原資を確保する必要があります。

　また、着手して終結に至っていない事件は、弁護士死亡による委任終了（民法653条1号）に伴い着手金について清算の必要が生じます（弁護士の報酬に関する規程5条4項）。つまり依頼者から相続人に対して着手金返還請求がされる可能性もあるということです。

　受任事件について着手金を返還し、次の弁護士にその着手金を渡すことができればほぼ間違いなく受任事件の引継ぎは可能でしょう。これまでは地方会だと亡くなった弁護士の知り合いの弁護士が着手金なしで引継ぎをしていたケースもあるようです。しかし前述したように本来は着手金の清算をしなければなりません。善意に期待するのではなく、着手金返還を前提にした受任事件の引継ぎについてきちんと準備しておく必要があります。

　これらの支払いに充てる財産がない場合、相続人は相続放棄をするしかなくなってしまいます。独立開業した医師に、生命保険への加入がなかったため医院の清算に相続人が苦慮し、残された子どもの進学が困難になった事例を雑誌で読んだことがあります。弁護士についても、十分な資産がなければ同様の問題が生ずることは間違いあ

りません。

　なお、弁護士法人の場合、社員が1人のみでその社員弁護士が死亡した場合、弁護士法人は解散となり（弁護士法30条の23第1項7号）、裁判所において解散・清算となります（弁護士法30条の25）。実際に裁判所が社員1人のみの弁護士法人につき社員弁護士の死亡に伴い解散・清算を行った事例がありますが、裁判所への予納金が300万円程度必要になったと聞いています。つまり、社員1人の弁護士法人だと上記費用に加えて閉鎖費用として裁判所予納金も計上しておく必要があるということです。

　弁護士や医師のように資格をもった自営業者の場合、いつまでも仕事ができていつまでも今と同じ収入があるとなんとなく思ってしまいがちです。

　しかし、現実には病気や事故などで事務所閉鎖ということはあり得るわけですから、そうなったときのために備えは必要です。

　弁護士会で募集している団体定期保険は、近年保険金額が最高4,000万円から6,000万円となりました。「コラム　弁護士業務で使用できる公的制度等」で解説したように保険料は一般の生命保険と比べて非常に割安です。独立開業するのであれば突発的な事態の備えとして必要な保険金額を考慮し、必ず加入しておく必要があります。

（貝塚　聡）

鈴木 翔太

●修習期：66期

●弁護士会：東京弁護士会

●事務所開業年：2015年12月

●事務所名：弁護士法人鈴木総合法律事務所（旧：鈴木法律事務所）

●事務所住所：東京都渋谷区恵比寿1-8-6

　　　　　　　共同ビル4階・5階・7階

●事務所の人員構成

　弁護士　　6名

　事務職員　6名

●取扱案件の割合

　一般民事事件、刑事事件　　　　　　　70%

　その他一般民事、企業法務、顧問業務　30%

●経歴

　2013年12月　弁護士登録

　2013年12月～2015年11月　都内の法律事務所にて勤務

　2015年12月　鈴木法律事務所（現：弁護士法人鈴木総合法律事
　　　　　　　　務所）設立

❶ 独立開業したきっかけ

　学生の頃から、組織の歯車の一部ではなく、組織全体を俯瞰できる経営者になりたいという気持ちを強く抱いていました。最終的に、資格職の方がなにかあったときもつぶしがきくと考え、弁護士になることに決め、法学部に進みました。

　このように、あくまでも経営者になるための手段として弁護士を選択しているに過ぎないので、弁護士として独立することは必然でした。

　勤務弁護士1年目から独立を意識して仕事をしており、個人事件も増えてきたことから、弁護士2年目の終わり頃に独立しました。

❷ 独立開業前の経営に関する考え方

　恥ずかしながら、独立開業前は、どういった事務所にしていきたいかなどの経営に関する考え方は持ち合わせていませんでした。

　弁護士2年目で個人事件の売上げが1,800万円を超えたこと、独立当初は勤務弁護士も事務職員も採用せずにスタートするつもりだったため、仮に売上げが横ばいでも生活できると考えたことから、当初の計画では丸3年ほどは勤務弁護士として独立準備をする予定でしたが、結果として弁護士2年目の終わり頃に独立することができました。

❸ 経営手法の選択（共同経営か否か）

　当初は経費削減のため、先輩弁護士との共同経営も視野に入れていました。実際に先輩弁護士と入居オフィスを見に行く等していましたが、考え方や方向性の違いから、共同経営はしないこととしました。具体的には、つくりあげたい法律事務所像に大きな乖離があったこと、金銭の使い方の面で私は使うべきところにはしっかり使いたいタイプですが、先輩弁護士は全ての経費を削減する方向で考えるタイプだったことから、話合いの末、共同経営をす

べきでないと判断しました。そして、他に共同経営予定者もいなかったことから、1人で経営をすることにしました。

　今後、共同経営をする可能性がゼロとはいえませんが、現時点では1人経営の方が自分の性格に合うと思っているため、共同経営をしたいという気持ちはありません。

事務所規模、開業資金、開業場所の選定

（1）事務所規模

　弁護士1名で開業しました。開業7か月後に事務職員2名（ただし、週2日勤務と週3日勤務）と勤務弁護士1名を採用しました（ただし、勤務弁護士の勤務開始は開業10か月後）。

　現在、独立開業6年目に入りましたが、弁護士6名、事務職員6名です。今後も急拡大をするつもりはありませんが、必要に応じて人員を増やしていく予定です。

（2）開業資金

　開業資金は、総額500万円ほどだったと記憶しています。特に予算等は決めておらず、私が執務スペースで使用する机や椅子はよい物を揃えました。開業資金は、2年間の勤務弁護士時代の貯金から捻出しました。

（3）開業場所の選定

　開業場所は恵比寿を選びました。理由は、相談者にとって電車の便がよいこと、法律事務所が比較的少ないこと、裁判所等がある霞が関駅まで日比谷線1本で行けること、当時恵比寿に住んでおり好きな街であったことなどです。

　今思うと、電車の乗降者数や居住者は多いが、裁判所に1本で行けないエリアや、裁判所に1本で行けるが遠いエリアに法律事務所を構えた方がよかったと思っています。理由は、裁判所に1本で行けないので法律事務所数

が比較的少ないこと、その割に乗降者数や居住者は多く、その駅を利用する人が多いため、弁護士１名当たりの潜在顧客数が多いと考えられるからです。

恵比寿は、中央区や千代田区、港区と比べると、弁護士の競合は少ないですが、裁判所に１本で行けない駅や、１本で行けるが遠い駅に比べると、弁護士の競合は多いと思います。

オフィスの形態については、当初レンタルオフィスも考えましたが、都心のレンタルオフィスはそれなりに高額であったことから、オフィスを借りてしまった方がよいと判断しました。なお、現在のオフィスは、恵比寿駅徒歩１分の好立地ですが、開業当初から同じビルに入居しています（増員に伴って、増床しています）。

⑤ 人事労務関連（事務職員の雇用等）

独立当初は事務職員を採用せずに１人でスタートしました。しかし、独立後は、仕事が忙しすぎて、土日も含め終電がない時間帯まで働く日々が続いたため、開業７か月後に事務職員と勤務弁護士を採用しました。

今思うと、独立する際は当初から、アルバイトでもよいので事務職員は採用した方がよいと思います。確かに、事務職員を採用すると固定費が増えてしまうため、最初は事務職員を採用せずに１人で始めようと考えていらっしゃる方も多いと思います。しかし、忙しくなってから採用しようとすると教育する時間が確保できない等のデメリットが生じますし、事務作業等は誰が行っても時間差が生じにくい作業が多く、弁護士が事務作業等をすることは非効率だからです。独立するとわかりますが、諸々の雑務は思っているより多いです。そうであれば、月20〜25万円程度で事務職員を１人採用して、弁護士は実務や営業（多くの人に知ってもらうことを含む）に時間を割いた方が効率がよいと思います。

事務職員の採用は、東京弁護士会の法律事務職員の募集で採用しています。ここ最近の事務職員の採用は、民間の人材紹介会社を併用することもあります。他方、勤務弁護士の採用は、もっぱらひまわり求人求職ナビです。

取扱案件の詳細（開業時から現在までの変遷）

開業時も現在も、一般民事事件と刑事事件が中心です。開業後すぐに損害保険会社と提携できたこともあり、開業時の案件としては交通事故案件が比較的多かったです。

現在は、離婚、男女問題、債務整理、交通事故、刑事事件がメイン業務となっており、上記5分野で売上げの70％ほどを占めています。残り30％が、その他一般民事、企業法務、顧問業務です。

⑦ 顧客獲得の手法（開業時から現在までの変遷）

開業時は、もっぱら紹介で顧客を獲得していました。紹介先は、既存顧客、弁護士、税理士など他士業、友人や知人、顧問先などです。弁護士1名でスタートしたこともあり、損益分岐点が低かったため、独立当初は紹介案件だけでまわっていました。その他、国選弁護や当番弁護、弁護士会の法律相談からの受任もありました。

現在は、総勢12名（弁護士6名、事務職員6名）となり、紹介のみで損益分岐点を超えることが難しいため、WEB経由の集客も併用しています。

ただ、新型コロナウイルス感染症の影響でWEB経由の集客が下火となっており、WEB経由による売上げに比して広告費の割合が上がってしまっている現状を踏まえると、これから独立を考えていらっしゃる先生方は、まずは紹介中心で顧客獲得を考えた方がよいと思います。

⑧ 経営や事務所規模の変化

前述のとおり、当初は1人でスタートし、開業1年目で事務職員と勤務弁護士を採用しました。その後、開業3年目に支店をつくり、支店長弁護士を採用しました。ただ、支店はいろいろ問題もあり赤字だったため、1年2か月で閉じる判断をしました（実際に閉所したのは1年5か月後）。さらにそ

の後、人員を増やし、現在開業6年目で弁護士6名、事務職員6名となっています。

弁護士の採用については、中途で37期の先生を採用したり、72期の弁護士2名を司法修習中に採用したりするなどしています。中途の弁護士と新人弁護士は、それぞれの強みが異なります。弊所にはいずれの人材も必要だと思っているため、今後も中途採用と新人採用の両輪で弁護士の採用をする予定です。

現状、前年に比べて売上げが下がったことはなく、右肩上がりで売上げが上がっていましたが、新型コロナウイルス感染症の影響もあり、今後前年に比べて売上げが減少することもあるかもしれません。増員に走りすぎず、身の丈に合った成長スピードで事務所の拡張ができればよいと思っております。

なお、私は、開業当初はプレーヤー、人を採用した後はプレーヤー寄りのプレイングマネージャーでした。現在は、プレーヤーとしての業務を極力減らし、マネジメント業務を中心に行っています。

⑨ マネジメント手法

(1) 月例会議

月に1回、事務職員も含めた全スタッフで定例の月例会議をしています。そこで、月の売上げや経費、新規問い合わせ数、受任件数や受任率などについて情報共有したうえで、意見を交わす場を設けています。

(2) 1on1ミーティング

月1回30分〜1時間程度、私と各勤務弁護士や事務職員が1対1で話合いをする場を設けています。そこで、現在の業務量や業務の進捗、体調や、不安なことがないか等を話し合っています。

⑩ これまでの失敗談

細かい失敗談はたくさんありますが、一番大きな失敗は支店経営の失敗です。支店の経営は、良くも悪くも支店長弁護士で決まると思うので、少なくとも1〜2年程度は支店長になる弁護士と一緒に働き、事務所のカルチャー等を理解しているたたき上げの人材を据えた方がうまくいく確率は高いと思います。

支店以外の失敗でも、適切な人材を適切な業務・職務に配置しなかったことから生じる失敗談が多いです。適材適所に配置することは経営者の仕事として非常に重要度が高いと思っています。

⑪ 弁護士兼経営者としての自身の業務配分

現時点で弁護士業と経営者の業務配分は、弁護士業(プレーヤー):経営者(マネージャー)=3:7程度です。

⑫ 業務を効率化する手法、使用している書籍やデータベース

所内の業務連絡等はChatworkやLINEを使用し、共有のフォルダとしてDropboxを使用しています。

案件管理はいまだにExcel® が中心です。

⑬ 弁護士会の活動への参加

弁護士会の活動への参加はありません。

⑭ ライフワークバランス

なるべく残業をしない事務所づくりを目指しており、勤務弁護士も事務職

員も定時で帰ることが多いです。

⓯ 今後、事務所をどのように経営していきたいか

　各弁護士や事務職員が働きやすい職場づくり、成長できる職場を目指しています。各弁護士や事務職員には、できる限り、やりたい業務・得意な業務を行えるように意識して業務の割当てを行っています。

　また、各弁護士や事務職員が自発的に考え、行動できる事務所を目指しています。極端な話をすると、代表は皆が伸び伸びと仕事ができるような職場環境を整えることに力を注ぎ、代表の関与は最小限で業務が滞りなくまわり、利益がしっかり出る事務所が理想です。

デジタル時代の記録の分類・保管方法

1　テレワーク等に伴う電子記録の整理分類方法

　弁護士事務所でもテレワークやリモートワークで仕事を進めるところが増えてきました。

　当事務所（取手総合法律事務所）でも、2人の事務員のうち1人は完全なテレワークで仕事を進めています。

　テレワークやリモートワークで仕事を進める場合、記録が紙のままではやりにくいので、記録を電子化することが前提になります。

（1）ファイル共有サービスの利用

　電子化した記録等の共有方法としては、Google Drive ないし Dropbox のファイル共有サービスを利用するのが簡便です。共有用のアカウントを1つ作成して、共有するパソコンにクライアントソフトをインストールすればすぐに使用できます。いずれのサービスも、共有容量1TBで月額10ドルが相場です。

　どちらのサービスを利用するにしても、パスワードは12桁以上のランダムな英数記号の組み合わせにして、情報漏洩を防止する必要があります。

　また、データが入っているパソコンは生体認証が使用可能であることが望ましく、パソコンのログイン時に暗証番号ないし生体認証による認証を必須としなければなりません。加えて、パソコンの記憶媒体（HDDないしSSD）は必ず暗号化してください。記憶媒体が暗号化されていないと、パソコンを紛失したときに記憶媒体だけ抜き出されて事件記録が全部流出してしまいます。このような事態が起きると懲戒処分となってしまうため、強固なパスワード及び暗号化という情報漏洩への対策は必ずとってください。

（2）フォルダの分類方法

　私は手持ち事件については親フォルダを刑事・民事・クレサラ・顧問先に分けて、その下に既済フォルダと進行事件フォルダを作成しています。

　既済フォルダには、終結した事件のフォルダを移動させます。

　進行事件フォルダは、例えば令和元年12月27日に相談に来て民事事件の依頼を受けた甲山乙子さんの場合、「20191227甲山乙子」というフォルダを民事事件フォルダの下に作成して、関係書類データは全てこのフォルダに入れておきます。

(3) ファイルの分類方法

　作成したファイル及び取り込んで PDF にしたファイルは、全てファイルの先頭に西暦年・月日を入れてからタイトルを付け加えます。

　例えば、令和 3 年 7 月 12 日に取り込んだファイルは、20210712〜 .pdf という形式になります。同日に作成した一太郎ファイルや Excel® ファイルであれば、20210712〜 .jtd や 20210712〜 .xlsx という形式になります。

　そしてファイルのタイトルは、できるだけ具体的に記載すべきです。

　先ほどの例でいうと、「20210712準備書面 .pdf」というファイル名ではダメで、「20210712相手方被告から交通事故の過失割合が被告 8 対原告 2 ではなく 6 対 4 だという主張と逸失利益がないという反論 .pdf」というようにファイル名だけで何のファイルなのかがわかる程度に具体化されていることが望ましいです。

　つまりタイトルを要約・メモ代わりにしておくということです。昔はファイル名の長さに制限があったためこのようなことは不可能でしたが、現在のパソコン環境では長いファイル名も問題ありません。

　テレワークやリモートワークで仕事をするということは、同じ事務所内で仕事していたときと比較して意思疎通手段が減ってしまうということです。弁護士業務の主軸は記録ですから、記録の内容をすぐにわかるように整理分類することがテレワーク・リモートワーク成功の鍵だと思います。

　また、このようにファイル名をできるだけ具体的にしておくと、後で自分が見返すときにいちいちファイルの中身を確認する必要がなくなるので、弁護士自身にとっても大変有益です。

2　アナログ記録の分類方法

　法科大学院生や、修習生の間に紙の各種記録の分類・保管方法を目にすることはあると思います。しかし、意外に具体的な詳しい方法は皆さんあまりご存じないようなので、私が行っている紙ベース記録の分類方法を以下に書いておきます。

(1) ファイルと A 4 封筒をうまく併用する

　記録の整理は弁護士協同組合などで扱っている「事件袋」を使っている事務所と、ファイルにファイリングをしている事務所があります。

　「事件袋」は外側に事件名などを書く欄が印刷されており、中に記録を入れるというスタイルです。

私は袋に詰めてしまうと中身が整理されなくなってしまい、探すのに時間がかかってしまうことから、事件袋は使わず全てファイリングしています。

　ただ、ときにはファイリングができないようなもの（DVDや携帯電話、USBメモリ等）、ファイリングしてはいけないもの（各種原本等）が出てきます。裁判所で記録を見ていただければわかりますが、このようなものを保管するため、ファイルの表紙の裏に封筒のようなポケットがついています。当事務所ではこれをまねて、ファイルの表紙の裏にＡ４が入る角封筒（角形２号）を貼り付け、ファイリングできないものはその中に入れるようにしています。

（2）記録の種類に応じた色分け

　事件袋を使用している事務所では使えない方法ですが、当事務所では事件内容や保管内容に応じてファイルの色を変えています。

　具体的には、民事の原告は黄色、民事の被告は赤、債務整理・破産・民事再生は灰色、刑事事件は緑、弁護士会などの事件と無関係の書類は青としています。ファイルは全てコクヨの紙ファイルです。安価なので、事件終結時に廃棄処分します。

　色別に分けて、表紙と背表紙に依頼者のお名前を記載し、裏表紙に（例）のような事件管理・支出簿または債務整理チェック表等を貼付しておけば、事務局がすぐに確認できるため、事務局の仕事の幅も広がります。

（3）表紙と背表紙に日付と依頼者名を記載

　事件袋ですと、事件名を書く欄がありますが、私は、依頼者が最初に事務所にいらっしゃった日付と依頼者のお名前を、ファイルの表紙と背表紙に記載しています。前述したように、事件内容は概ねファイルの色でわかるため、日付と依頼者が誰かわかるように判別できる情報だけ書けばよいと考えています。

　具体的には、令和２年11月８日に相談に来た丙川丁男さんの場合、「2020.11.8丙川丁男さん」と表紙と背表紙に記載しています。

　日付は人間にとってかなりわかりやすく、後で記録を見なければならないときに「だいたいあのころの事件のはず」という手がかりになるため必須記載事項と考えています。

（4）綴じ方は逆綴じが合理的

　綴じ方は、逆綴じにするか、順綴じ（一般的なファイリング方法）にするか、どちらかになります。

　裁判所では逆綴じ、ファイルの綴じる部分を普通に綴じる場合と逆向きにして、記

録の一番後ろにプラスチック金具の綴じ具がくるようにしています。

　記録は時間が経つほど後ろに増えていくため、順綴じだといちいち全部記録を外して最後に新しい書類を入れて綴じ直しをしなければならないので、逆綴じが合理的だと思います。当事務所も記録は全て逆綴じで綴じています。

(5) 綴じる順序は裁判所の方式に準じて

　記録を綴じる順序は、意外と事務所によって異なるようです。

　私は、民事事件の場合、1ページに依頼者の連絡先等を書いた相談票(ファイルを開ければすぐに連絡先がわかる)、次に主張書面、証拠(甲乙の最初にそれぞれの証拠説明書を綴じて目次にして、甲乙それぞれの証拠説明書の後に書証を綴じていく)、最後にその他の文書(直送書や調査嘱託申出書、裁判所からの連絡文書等)と挟んでいます。主張書面が増えた場合には主張書面の綴りの最後に付加をしていき、証拠も同様に整理していきます。

　裁判所の民事訴訟記録の綴り方に近い綴り方です。裁判所の民事訴訟記録では証拠の部分について甲乙の証拠説明書をまとめた後に甲乙の書証を綴じていますが、甲乙を分けた方が私はわかりやすいのでそれぞれ別にして証拠説明書・書証を綴じています。

　債務整理・破産・民事再生の場合は、時系列順に綴じていきます。債権者の数と内容を把握するため、Excel® で作成し記入欄をあけた一覧表を全面シールのA4用紙に印刷し、その債権者一覧シートを後ろの表紙に貼り付けて管理しています(なおテレワークに伴い、債権者一覧の管理もデータに移行しつつあります)。

　刑事事件は、シビアな事件であれば先に検察庁から証拠等関係カードを入手できるので、証拠等関係カードを先頭にしてから甲乙号証を挟みますが、そうでない場合は弁護人選任依頼書、起訴状、選任書、甲乙号証(追加書証がある場合は甲・乙それぞれの後に証拠番号順に追加する)というように、だいたい時系列順で挟んでいきます。

(6) 終結した記録は PDF にして保管

　終了した記録の保管は、事務所にそのまま置いたり、倉庫に置いたりする方もおられるようです。しかし、しばらく経って関係者から問い合わせを受けることや、ときには書類のコピーをとらなければならないときがあります。こういうときに、実記録保管だと不便です。

　そのため、私は終結した記録について、全てスキャナーで取り込み、ごく一部の重要な書類(契約書や決定・判決等)を除いて、取り込み終了後の書類は文書溶解サー

ビスを利用して破棄しています。量がそれなりなので、速い業務用スキャナーは必須になります。

　スキャナーで取り込んだ書類は、紙ファイルの表紙に初回相談日と依頼者名を記載したのと同じように、ファイルを取り込んでデータ化した日付と依頼者のお名前をファイル名にして PDF データとして保管しておきます。

　例えば、戌谷己さんから依頼された事件記録について令和3年3月31日に紙の記録を PDF 化したのであれば、ファイル名は「20210331戌谷己さん一件記録」となります。

　記録の PDF 化は本当に便利で、問い合わせがあっても検索すればすぐに全記録が読めますし、必要な部分だけプリントアウトして渡すこともできます。規模の大きな事務所でも、記録のデータ化のメリットに気づいて、過去の記録を取り込んでいると聞いています。

(7) 同じ結果がより短時間で出せるということは生産性が高いということ

　私が意識しているのは、探す時間をとにかくなくすということです。なにかを探す時間は、仕事をしているように見えて実は全くなにも生み出していない時間です。また各種記録が誰でもわかるように整理されていることが効率的なテレワークやリモートワークの大前提です。

　企業は、なにも生み出していない無駄な時間を省いて生産性を向上させることに熱心です。同じ結果を出せるのであれば1分でも時間が短い方がよいのですから、このような企業の姿勢を弁護士が見習うところも大きいでしょう。

　そして弁護士業務の生産性が高くなるということは、同じ業務時間であればこなせる仕事量が増えるということであり、同じ仕事量であれば業務時間が減ることを意味します。弁護士にとって長時間の業務時間投入による解決は簡単にとれる手段であるためどうしても安易に選択しがちですが、生産性の向上は向上させた本人だけでなく、勤務弁護士の労働環境改善にも役立ちます。業務時間の削減は特に育児環境の改善に資するため、取り組む意義は大きいといえます。

（貝塚　聡）

事件管理・支出簿（例）

受任日	年 月 日	
請求書送付日	年 月 日	
入金日	年 月 日	

日付			金額	内容
年	月	日		印紙・予納郵券・郵送代(依・相・裁・社・役・紛セ・自賠・)・内容証明・代表者・登記( )件・戸籍等( )件 住民票( )件・為替手数料・振込手数料・23条( )件・
年	月	日		印紙・予納郵券・郵送代(依・相・裁・社・役・紛セ・自賠・)・内容証明・代表者・登記( )件・戸籍等( )件 住民票( )件・為替手数料・振込手数料・23条( )件・
年	月	日		印紙・予納郵券・郵送代(依・相・裁・社・役・紛セ・自賠・)・内容証明・代表者・登記( )件・戸籍等( )件 住民票( )件・為替手数料・振込手数料・23条( )件・
年	月	日		印紙・予納郵券・郵送代(依・相・裁・社・役・紛セ・自賠・)・内容証明・代表者・登記( )件・戸籍等( )件 住民票( )件・為替手数料・振込手数料・23条( )件・
年	月	日		印紙・予納郵券・郵送代(依・相・裁・社・役・紛セ・自賠・)・内容証明・代表者・登記( )件・戸籍等( )件 住民票( )件・為替手数料・振込手数料・23条( )件・
年	月	日		印紙・予納郵券・郵送代(依・相・裁・社・役・紛セ・自賠・)・内容証明・代表者・登記( )件・戸籍等( )件 住民票( )件・為替手数料・振込手数料・23条( )件・
年	月	日		印紙・予納郵券・郵送代(依・相・裁・社・役・紛セ・自賠・)・内容証明・代表者・登記( )件・戸籍等( )件 住民票( )件・為替手数料・振込手数料・23条( )件・
年	月	日		印紙・予納郵券・郵送代(依・相・裁・社・役・紛セ・自賠・)・内容証明・代表者・登記( )件・戸籍等( )件 住民票( )件・為替手数料・振込手数料・23条( )件・
年	月	日		印紙・予納郵券・郵送代(依・相・裁・社・役・紛セ・自賠・)・内容証明・代表者・登記( )件・戸籍等( )件 住民票( )件・為替手数料・振込手数料・23条( )件・
年	月	日		印紙・予納郵券・郵送代(依・相・裁・社・役・紛セ・自賠・)・内容証明・代表者・登記( )件・戸籍等( )件 住民票( )件・為替手数料・振込手数料・23条( )件・
年	月	日		印紙・予納郵券・郵送代(依・相・裁・社・役・紛セ・自賠・)・内容証明・代表者・登記( )件・戸籍等( )件 住民票( )件・為替手数料・振込手数料・23条( )件・
年	月	日		印紙・予納郵券・郵送代(依・相・裁・社・役・紛セ・自賠・)・内容証明・代表者・登記( )件・戸籍等( )件 住民票( )件・為替手数料・振込手数料・23条( )件・

債務整理チェック表（例）

| 旧住所（あり（右に記載）・なし） | |

破産→①注意文書の説明 ②破産管財の可能性（あり→予納金20万円の説明） ③直近の財産移転の有無 ④保険契約の名義移転の確認

個人再生→①監督委員への積立（申立時に6万円、その後は弁済予定額の積立） ②清算価値対象財産の確認

| 任意整理 | 月当たりの支払可能額 1・2・3・4・5・6・7・8・9・10・ 万 円 |

債権者	受任通知	債権票	通知番号	債権残高／引き直し後残高	事件番号・弁済・請求・提案内容	合意日合意金額	入出金の日時	終了

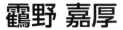

靎野 嘉厚

●修習期：66期

●弁護士会：大分県弁護士会

●事務所開業年：2014年

●事務所名：つるの法律事務所

●事務所住所：大分県大分市中島西1‐3-19 安部ビル102号

●事務所の人員構成

　弁護士　　　1名

　事務職員　　2名（いずれも親族）

●取扱案件の割合

　一般民事事件　　65%

　刑事事件　　5〜10%

　家事事件　　　　10%

　その他　　15〜20%

●経歴

　2013年12月　弁護士登録

　2014年1月〜5月　大分市内の法律事務所にて勤務

　2014年6月10日　開業

1 独立開業したきっかけ

(1) 修習を終え、地元・大分市の事務所に就職

　出身地である大分に修習で配属され、そこで弁護士として働くことを意識し始めた段階から、何年か経ったら独立開業することを抽象的な選択肢としては抱いていました。しかし、修習当時は周りの同期のほとんどが既存の事務所に就職する方向で動いており、修習地の単位会の内部をみても、即独して働いている先生がかなりの年数出ていなかったということもあって、修習を終えたらすぐに独立開業、即独しようという考えにはなりませんでした。

　その後、大分市に事務所を構える小規模な事務所に内定をいただき、勤務を開始するのですが、それから間もなく独立開業を意識するようになりました。きっかけは、ボス弁の事件処理の方針や、顧客獲得の方法に大きな疑問をもったことでした。

　そもそも、私たちが修習した2013年頃は、司法試験合格者が2,000人を上回る一方、大規模単位会であっても募集の条件が一定程度限定されており、弁護士の就職に関して選択肢が豊富とは到底いうことができない状況でした。

　私自身、大分県は出身地でこそあったものの、大学、法科大学院がいずれも都内だったことから、大分での地縁や人脈が必ずしも豊富とはいえず、司法試験合格から修習開始当初までの時期は、就職説明会やひまわり求人求職ナビを利用して、東京近郊での就職を志向していました。

　なんの因果か、修習地が出身地である大分となり（修習の希望地は概ね首都圏近郊を書いていました。せっかく修習するなら地元以外の土地の方が面白そうだとも思っていましたので、希望地に大分は書きませんでした。最初に「大分」という通知を見たときは「大阪」の間違いと思って何度も通知書を見直しました）、実務修習を大分で過ごすうちに、大分県弁護士会の先生方と接する機会も当然増え、弁護修習を終える頃（私は第2クールが弁護修習だったので、2013年3月頃になります）には、大分で働くのも面白そうだと思うようになりました。

そうして大分県内での就職活動を始めるのですが、そもそも弁護士を募集している事務所が極めて少なかったこと、中途半端な時期に大分での就職活動を始めたために、規模感のある事務所はすでに他の修習生に内定を出していて席が埋まっていたことなどから、展望は決して明るいものではありませんでした。

　そんな折、同じ高校出身の先輩弁護士が法律事務所を開設したばかりで勤務弁護士を募集しているという話を聞き、最初の所属事務所に応募しました。応募といっても、堅い面接やなんらかの課題が課せられるというわけではなく、事務所見学に行き、何度かボス弁と飲みに行って、その後採用が決まる、という感じでした。

(2) 退所を決意するまでの経緯

　無事に大分での就職が決まり、二回試験もなんとかクリアして、その事務所で働き始めるのですが、働き始めて体感およそ３日（あくまで私の主観です）で、ここに長くいてはいけないかもしれないという感覚にさいなまれました。

　当時、その事務所には、弁護士は元ボスと私の２名しかおらず、事務職員は３名（事務局長１名で、ボスの親族）という体制だったのですが、ボスが依頼者からの電話にほとんど対応せず（事務職員が電話対応の大部分を行う、というのは普通だと思いますが、元ボスは依頼者からの折り返しの希望にも折り返さないことがしばしばありました）、法律事務所での勤務経験がない事務職員から事件に関する基本的な質問をされても適切に指示・指導を行うことができていなかったりしており、受任するだけ受任して事件処理が全くなされていない、という内情だったのです。

　私自身も、ボスから法的に誤った（そもそも法文とすら整合しない）指示をされ、誤りであって法的に成り立たない旨を指摘しても「それをなんとかするのがお前の仕事だ」というようなことを言われるだけで具体的な対応はなく、基本的に提出する前に全てボスのチェックを受けるように言われた書面をボスへ渡しても、裁判所等への提出期限までにその書面が戻ってこない

ということが、（勤務開始からわずかしか経過していないにもかかわらず）日常化していきました。

　また、その事務所はコンサルティング会社と連携して、当時からホームページ等ウェブ媒体を活用した集客に力を入れていました。しかし、ウェブ媒体だけを見てやってくる相談者の属性や傾向を見極めずに受任するだけして、あとは具体的には進んでいかないというケースも一定程度あったようです。顧客との信頼関係が十分に構築できておらず、事件処理がうまく進んでいかないというケースもありました。コンサルティング会社も、事務所の事件処理の実態には（当然ですが）目を向けず、弁護士に都合のよい説明だけして所内研修等を実施しているなと感じる部分がありました。今振り返っても、あの時期に事務所内の職員（私というよりは事務職員）が抱えていた事件処理が立ちゆかないことによるフラストレーションやストレスは異常なものだったと感じます。

　そうこうする中で、2014年2月14日に、ボスから相談室に呼び出され、「事務所の経営に協力する気があるのか」「私の指示のとおりにやる気がないなら、勝手に1人でやったらいい。銀行はすぐ金を貸してくれる」などと、1時間程度、切々と語られました（私としては、もはや恫喝だったと思っています）。

　こうやって文章に残すのは恥ずかしい話なのですが、その日、業務時間が終わってすぐに、事務所の前から、修習時代からお世話になっていた2人の先生に、泣きながら電話をして相談に乗ってほしいと言ったことを今でも忘れられません。このとき電話をかけた先生方は、すぐにそれぞれ時間をとって相談に乗ってくださいました。お1人の先生は、「独立してもなんとかなると思うけど、せっかく入ったんやけん、もう少し頑張ってみてもいいんやないん」というアドバイスをくださり、もう1人の先生は、「それはもうどうやってもいずれ出ることになるだろうから、出る方向で考えてみてもいいんじゃない。いろんな人が助けてくれると思うよ」とアドバイスをくださいました。

　弁護士登録をしてからわずか3か月程度しか経っていませんでしたが、そ

ういう経緯で、私は独立開業を具体的に考え始めました。

（3）事務所開設までの段取り

　その後、事務所開設までの段取りは、運がよかったという他ありません。

　そもそも弁護士になって間がなく、弁護士としての基本的な業務内容等についてすら、右も左もわからないような状態ではあったのですが、修習の指導担当弁護士が修習時代に「いつか独立することがあるかもしれないから、普通だったら事務職員にお願いするような細かいことでも、見せてもらって知っておきなさい」と言って、裁判所への提出物の揃え方などの事務作業をひと通り教えてくださっていたので、法律事務所を営むうえで最低限必要なものの選別に迷うことはありませんでした。また、独立開業を考え始めて以降、昼休みや業後の時間を利用して物件探しを始めたのですが、見つかるのは大抵、裁判所からかなり離れたオフィスビルや、設備に比して賃料が高い物件、悪くはないけれどもなんともいわくが付いているような物件でした。そんな折に、修習時代から顔を知っていただいていた先生が、私が独立開業をするために物件を探していることを耳にして、所有している部屋を数か月の間なら貸すことができる、というお話をくださいました。期間が限定されていたのは、数か月先に他の法律事務所が、その場所で開業する予定があったためです。ただ、その部屋はもともと法律事務所として使われていた部屋で、基本的な設備はほとんど揃っている居抜き物件でした（執務机や事務机、相談室なども過去に法律事務所だった時代のものがそのまま残されていて、なかったのは電話・ＦＡＸ・インターネット回線と、書籍くらいでした）。

　数か月先にその部屋を借りる予定になっていた先生にも事情をお話ししたところ、快くご了承いただくことができ、また、その部屋を所有している先生からも家賃は格安でよいからと言っていただきました。

　2014年のゴールデンウィーク前に、元ボスに口頭で5月末をもって退所する旨を伝えました。特に慰留されることはありませんでした。

(4) 事務所開業

　ゴールデンウィーク中に電話やＦＡＸ、インターネット回線の契約の調整をし、6月初旬の開業を目指しました。パソコンやプリンタなどは、修習時代から自宅で使用していたものをそのまま使うことができたので、独立開業にあたって揃えなければならないものは、印鑑やスタンプ、二穴パンチやステープラーなどといった最低限の事務用品くらいでした。引継ぎ処理等で大変だったことといえば、元所属事務所のメールボックス内のメールの引継ぎです。弁護士登録をして間もなく、いくつかの弁護団に所属し、起案を担当するなどしていたので、検討のためのメーリングリスト上のやり取りを退所後に使う業務用メールアドレスに転送する作業などが必要となり、地味に大変でした。

　予定どおり2014年5月末に前事務所を退所し、2014年6月10日から独立開業しました。とはいえ、弁護士会への登録事項変更などの手続きは6月1日付けで済ませていたので、退所から開業までの間の10日間も、弁護士会の法律相談に入ったり、当番弁護士として出動してその後刑事事件を受任したりと、事務所開設の手続きと並行して、仕事自体はしていました。

　最初に事務所を開設した物件は、前述したように数か月の期間限定（正確には2014年8月末までだったと思います）だったので、すぐに次の物件を探さなければなりませんでした。そんな折に、修習同期、同クラスの弁護士のお父さん（その方も弁護士です）がもっている物件の部屋に空きが出るというお話をいただきました。現在、私の事務所が入っている部屋の隣の部屋で、今の部屋のちょうど半分くらいの広さの部屋でした。2014年9月1日から、そこに移転しました。期間限定とわかって物を増やさないようにしていたことや、4か月程度しかいなかったということもあり、引っ越しの作業に苦労するということもありませんでした。このとき、元の事務所を貸してくださっていた先生が、次に借りる先生が使わない応接セットは処分することになるから持って行ってよいと言ってくださり、いただきました。

　その後、新しく移った部屋は、約2年間、2016年9月頃まで使わせていただき、現在の事務所に移動しました。作業スペースや記録・資料を置くス

ペースが足りなくなってきたことと、隣の部屋（現在の事務所のある部屋）がパーテーション等が残った状態（そこもかつては法律事務所だった）で空いていたからです。貸主に話をしたところ、ちょうど他士業の先生が事務所として使う物件を探していて建物に空き部屋がないか打診があったけれど、空いている部屋は大きすぎて条件が合わなそうだと言っていたところだったとのことで、スムーズに隣の部屋に移る話になりました。このとき、残っていたパーテーションも、残置していった先生に了承を得て、そのまま使わせていただくことができました。

2016年9月中旬ごろにこの部屋に移り、現在に至ります。

2 独立開業前の経営に関する考え方

（1） 開業前の懸念

独立開業前は、開業には初期費用がかかるし、開業後も当然経費が必要となる一方で、コンスタントに仕事が回ってくるかどうかがわからず不安というのが、一番の懸念材料でした。

先にお話ししたとおり、具体的な展望をもって、計画的に、これならいけると思って独立開業したわけではなく、半ば必要に迫られた形でいきなり独立開業したということもあって、経営というものに関する具体的な考え方をもっていたわけでも、深い考察をしていたわけでもない、というのが本当のところです。

もっとも、独立することを決めて以降、いろいろ調べているうちに、弁護士1人で事務所を運営するのであれば初期費用も一定程度抑えられそうであることや、仕入れ等もないので固定費も限られ、ある程度抑えることができそうだなと考えるようになりました。

（2） 実際に開業してみると

仕事が回ってくるかという懸念も、大分県弁護士会が小規模単位会であって弁護士の人数が首都圏等に比べて多くないこともあり、独立開業したこと

を知った先生方から、仕事をいただく機会に多く恵まれました。地元といえども当時の私に仕事の種になるようなつながりはほとんどなかったので、修習時代から顔を知ってくれていた先生が、「試しにちょっとやってみてよ」という感じで声をかけてくださり、とてもありがたかったです。私自身、意識して会務や弁護士会の懇親会、弁護団などで多くの先生方とのつながりをつくろうとしていたわけではありませんでしたが、いろいろなところに顔を出していたことが、顔を知っていただく機会になって、結果的に仕事につながっていったのではないかと感じる部分が少なくありません。

　その後も、本当にありがたいことに、1つ1つの仕事に向き合う中で、依頼者が他の件や知人が抱えている事件を持ち込んできたり、先輩弁護士から紹介いただいた癖のある事件を担当したことを聞きつけた別の先輩が「それをやってるならこれもやってみないか」と声をかけてくださるなどして、コンスタントに仕事があるという状態が続いて今に至っています。

❸ 経営手法の選択（共同経営か否か）

　共同経営か否かの選択の余地は、ハッキリ言ってありませんでした。弁護士登録後、約半年で独立開業をしているわけですから、知っている限りで同期に独立を考えている人はおらず、先輩弁護士との共同経営は思いつきもしませんでした。

　独立開業後、現在までに約7年、弁護士1人で仕事をしてきている状態ですが、気楽でいいなぁ、このままでいいか、と思う反面、現在の形態のままで続けると私自身が倒れてしまえばそこで全ての業務が止まってしまうので、共同経営への切替えも検討していくべきだろうか、というような抽象的な悩みが生まれつつあります。

事務所規模、開業資金、開業場所の選定

(1) 事務所規模

　事務所の規模としては、一貫して弁護士1人で活動しています。事務職員は、開業した後の数か月間、以前の所属事務所にいた事務職員が次の仕事が見つかるまでの間、働いてもよいということで来てくださいました。その後は、母と妻が事務所に出ているかたちです。母はほとんど電話番で、妻にもそれほど難しい事務作業は任せていません。

(2) 開業場所

　開業場所の選定については、一般民事事件や家事事件、刑事事件など、訴訟手続きが業務の多くの部分を占めるだろうという考えから、当初からできる限り裁判所に近い場所を検討していました（その結果すぐには条件に合う物件が見つからなかったのはすでに触れたとおりです）。結果的に、いずれも大分地方裁判所の本庁舎にほど近い物件を借りることができました。

(3) 開業資金

　開業資金に関しても、一般的な独立開業と比べるとかなり抑えることができました。本格的に物品を揃えたのは期間限定の居抜きの事務所から現在の事務所の建物に移ったときですが、新たに買い揃えたものは、自分の執務机と椅子、事務職員用の机と椅子、記録保管用のスチールキャビネットを2つ、事務用品収納用のローキャビネットを1つ、スチールの書棚を1つ、ロッカーを2つ、くらいだったと思います。書籍なども最低限必要なものだけ購入して、あとは他の事務所や裁判所の資料室のものを借りていました。そういう意味で、開業資金として充てたお金の合計は、おそらく100〜150万円くらいでおさまっていると思います。今振り返ると、本当によくそのくらいで済んだな、と思います。

(4) 通路をギャラリーに

　事務所規模や開業場所の話からは少しずれるのですが、今の場所に事務所を移した後、自分の趣味で大分市在住の画家が描いた動物の絵を買って飾ったところ、意外と依頼者に好評でした。相談者は法律問題を抱えて思い悩んでやってくるのですが、全然関係のない明るい感じの絵を見ると、なんだか癒されるということがあるのだそうです。そういうこともあって、いつの間にか絵の枚数も増え（それにかこつけて好きな絵を増やしていったともいいますが）、事務所入り口から相談室に向かうまでの通路は今ではちょっとしたギャラリーのようになってしまいました。

⑤ 人事労務関連（事務職員の雇用等）

　当初所属した事務所は、開所から約1年が経過した事務所で、当時は事務職員が3名在籍していたのですが、1名はボスの親族、2名は法律事務所での勤務経験のない方（うち1名は勤務開始時期が私とほぼ同じ）でした。そのような中で、事務職員に対する教育やスキルアップのための研修等もほとんどなされず、1年前から所属していた事務職員がその都度手続き等を調べて集積した知識にほぼ依存して業務が進められていました。その事務職員らからは、ボスの指示がない中でなにをどうすればよいのかわからない、という話をしてもらってはいたのですが、自分自身が弁護士になりたてということもあり、どのようにしてよいものか、わからない部分が多かったです。

　そういった経験もあり、独立後は、自分自身の手続き等に関する知識の集積をまずは行いたいと考えて、事務職員の雇用等はそれほど積極的に考えていませんでした。もっとも、元の事務所の事務職員が転職のために退職することになり、1か月程度時間ができるということで、その期間、事務職員として働いていただきました。実際独立してみると、思いのほか弁護士のみで完結させられる作業も多く、なんとか1人で仕事を進めていくことができそうでした。

　わからないことが出てきた際には、裁判所や他の法律事務所の事務職員に

思い切って聞いてみたりすることで、手続き１つ１つがどのように進んでいくのか、どうしてそのような手続きになっているのかなどを知ることができ、裁判手続き全体に対する理解も深まっていったように思います。

　一人事務所で事務職員がいない場合、接見で事務所を留守にする間などに事務所にかかってくる電話への対応をどうするかという点がどうしてもネックでした。相談者や依頼者が電話をかけてきているのに、それに出られないということでは、相談者・依頼者が受ける事務所への印象はよくはならないと思いますし、折り返してもつながるまでは用件や緊急度がわからず弁護士側もフラストレーションがたまると感じたからです。当初、外出時は全て私の携帯電話に転送されるようにしていたのですが、市内に住んでいる母に電話番をお願いすることにしたことで、この点の懸念はほぼ解消されました。結婚に伴って妻にも電話番として手伝ってもらうようになって、徐々に事務職員のような仕事も任せるようになってきたところです。

❻ 取扱案件の詳細（開業時から現在までの変遷）

（1）開業直後は刑事事件が９割

　開業直後は、刑事事件がかなりの割合を占めていました。

　正確に割合を計算したわけではないのですが、開業後２か月程度経ったタイミング（１回目の事務所移転の頃）での実感としては、９割が刑事事件だったという記憶です。私が突然独立開業したということを聞いて心配してくださったのか、多くの先生方が休日当番や弁護士会の法律相談担当を交代してくれたり、事件に誘ってくださったりしました。また、当時の弁護士会の事務職員も、気軽に当番弁護士や少年事件を打診してくれて、事件受任につながっていきました。開業後半年〜１年程度経った頃だったと思いますが、一度に担当している刑事事件・少年事件が10件以上になり、毎日のように警察署をはしごしていたことがあります。

(2) 現在の取扱案件

　その後、刑事事件の割合は、徐々に落ち着き、取扱事件の5～15%くらいで推移していますが、現在も常時3～4件は刑事事件を担当しているような状態です。

　刑事事件の割合が小さくなると同時に、いわゆる一般民事・家事事件の割合が増えていきました。一般民事事件の内訳としては、時期によって異なりますが、交通事故や不貞の慰謝料請求等の損害賠償請求事件や医療訴訟、親族間の財産関係紛争、再エネ特措法関連事件などが比較的多かったように思います。

　これらの事件と並行して、いくつかの集団訴訟等にまつわる弁護団に所属し、案件を担当しています。代表的なものは、B型肝炎訴訟、トンネルじん肺訴訟、飯塚事件などです。

　また、独立開業5年目（弁護士になってからも5年目）くらいから、破産管財人や後見人、相続財産管理人など、裁判所を通じた事件も徐々に増えてきました。

❼ 顧客獲得の手法（開業時から現在までの変遷）

　開業時は、他の先生方からの紹介と、弁護士会の法律相談センターでの法律相談が受任経路のほとんどを占めていました。

　その後、他の先生方からの紹介は大変ありがたいことに変わらずコンスタントにいただくことができ、以前に事件を担当した依頼者からの紹介や、別件での再依頼なども増えていきました。また、大学のOB・OGの輪を通じた他士業の方からの紹介も少なからずいただいている状況にあります。

　開業当初から、基本的にインターネット媒体やSNSを用いた広告・営業活動は行わないことにしているのですが、いろいろな方が気軽にお声がけ・相談くださり、今に至っています。

経営や事務所規模の変化

　独立開業当初から弁護士の人数は１名ですので、事務所規模としてはほとんど変化がありません。

　前述のとおり、事務職員が２名に増えましたが、基本的には電話番や受付窓口対応等がほとんどです。

9　これまでの失敗談

　これまでで一番大きな失敗は、独立開業後ほどなくして、刑事事件を抱えすぎてしまったことです。基本的に声をかけられたものは断らない、という形で進んでいったのですが、弁護士１人で処理するには事件が多くなりすぎ、１つ１つの事件に全力で取り組む時間的余裕がどんどんなくなってしまいました。今振り返れば、なんということのない手続きや件数の事件でも、弁護士になりたて、独立開業したてで、右も左もわからない状態だったわけですから、１つ１つ丁寧に調べて向き合って処理をする時間をどんどん取ることができなくなりました。

　それでもなんとか事件処理自体は進めていたのですが、体の方がついていかなくなり、ある日高熱を出して動けなくなってしまいました。

　それで長期間休養したとか、そういったことはまったくなく、数日間で体調は回復したのですが、たった数日間でも次に事務所に出勤したときにはたまった電話や締切りを過ぎた起案等をすぐに処理しなければならず、精神的なストレスは大きかったです。その頃一緒に仕事をさせていただいてもいた、事務所の大家さんにあたる弁護士には、「あれは知恵熱だね」と後から笑われました。

　それからはすでに入っているスケジュール等と合わせて事件の受任を意識的に調整するようにし、休日などについても、できる限りきちんと取るようにしています。

弁護士兼経営者としての自身の業務配分

いわゆる一人事務所というものですので、業務配分としてはほぼ全てを弁護士としての役割に振っています。

弁護士業自体は仕入れもなく、経費も限られているので、職員（弁護士、事務職員等）を採用しなければ、経営者としての立場を区別する必要はあまりありません。

業務を効率化する手法、使用している書籍やデータベース

決して他の先生方より効率的な仕事をしているわけではないので、業務の効率化に特化した手法等を構築して実践しているということはありません。ただ、一度に机上に出す事件記録は極力1つの事件のものに限るとか、1つの事件の記録を市販の透明ケース等を利用してなるべくひとまとまりにしておくとか、書面作成や起案などですぐに対応できるものは締切りがかなり先でも時間のあるときに素案を作成しておくなど、自分が事件処理上混乱しないようにするために当たり前のことをしている、という感じです。

使用している書籍についても、特筆して他の先生方と相違があるというわけではないと思いますが、書籍には比較的費用をかけている方だと思います。広く市販されている書籍で裁判所も参照しているといわれているものは、必要な範囲で費用を惜しまず揃えるようにしています。電子書籍等についても、活用していきたいという考え自体はもっていますが、書き込みをしたり記載の比較をしたりする場合などで、やはり紙媒体を利用することが多いです。

判例検索システム等は、第一法規のD1-Law.comを独立当初に導入し、現在まではひとまずそれで事足りています。

12 弁護士会の活動への参加

(1) 委員会等の会務活動

　私が所属している大分県弁護士会は、2020年時点で会員数が160名程度です。そのため、委員会等の会務活動については、若手に限らず大半の会員が複数の委員会に所属し活動しています。

　特に、刑事弁護センター運営委員会と人権擁護委員会は、県弁の多くの会員が所属しており、事件処理で悩んだ際などに相談できる関係性の下地が構築できます。人権擁護委員会では、案件を担当する際に基本的に2名1組で対応するため、起案等のやり取りを通じて、他の先生が書いた起案にも触れることができ、非常に有益だったという印象があります。

　その他、司法修習委員会や研修委員会、国際委員会や法律相談センターなどにも参加しています。最近では副委員長や委員長を任せられることも増えてきました。

(2) 弁護士・検察官・裁判官が集まる「若手会」

　弁護士会の活動とは異なるのですが、独立開業した後半年くらい経ったころに、自分自身のスキルアップや同世代の法曹との交流などを行うことを大まかな目的にして、当時登録後3年目までだった弁護士と、検察庁の若手検察官、裁判所の左陪席裁判官にそれぞれ声をかけて、勉強会を開くようになりました。きっかけは修習時代から面倒をみてくださっていた65期の裁判官と話をしている際に、一人事務所だとスキルの研鑽・維持や自分の立ち位置が今一つつかめないからどうしたらよいだろうか、と話してみたことでした。その裁判官からは、裁判所サイドとしても、若手の弁護士と交流の場をもって、日々の業務や手続きの運用などについてお互いの見解やニーズなどを意見交換することで、業務のクオリティが上がる部分もあると思う、という話をされたので、一度、同期・同世代の弁護士と裁判官で集まって勉強会でもしてみようか、という流れになったのです。

　その後、それならせっかくだし、裁判所の左陪席（大分地裁は民事部が2

つ、刑事部が１つで、左陪席が任官後３年目まで各１人います）や同世代の検察官も呼んでやってみたら面白いのではないか、という話になって盛り上がり、とりあえず堅苦しくないものでよいから、勉強会と懇親会をセットにしてやってみようか、ということで始めました。

　他の同期が面白がって手伝ってくれたこともあり、この集まりは今でも「若手会」と称して続いています。当初は登録後３年目、という縛りで後輩に引き継いでいけばよいかと考えていたのですが、いまだに呼ばれていますし、出席もしています（実は幹事もずっと同じ人）。毎年少しずつ入れ替わる若手の裁判官や検察官との交流の場としても活用できるので、役立っています。最近知ったのですが、他会にも似たような若手の自主的な集まりがあるようで、考えることはどこでも皆同じようなものだな、と感じました。

⑬ ライフワークバランス

　独立して間もない頃は、夜間も土日もできる限り事務所にいて、とにかく起案や仕事を多くしようとしていました（今考えると作業効率が悪かったので自然とそうなった側面もあります）。

　一方で、会務に連なる懇親会や、その他のいわゆる飲み会も多く、そういったものにも極力参加するようにしていたので、自然と、飲み会後に事務所に戻って仕事をする、というような時期がありました。

　しかし、当然それでは体力がもたず、決定的に体調を崩さないまでも、作業効率をなかなか上げることができず、起案の質も落ちてしまうと感じました。現在では、土日は極力仕事をせず、別のことに時間を使うようにしています。きちんと休息を取って体力を維持するというのも、仕事のうちだと考えるようになりました。

⑭ 今後、事務所をどのように経営していきたいか

　ここ数年の間に、いわゆる一人事務所でできることの限界を考える機会に

直面することが多くなってきたこともあり、将来的には弁護士数名の規模感の事務所を構築したいと考えています。

　登録替え等をする考えや予定はないので、業界の地域的な色彩や独立への障壁の低さを考えると、大分でつくるとすれば経験弁護士数名と新人弁護士１～２名程度の事務所がバランスとしてはよいのではないかと考えています。

中間 隼人

●修習期：65期

●弁護士会：神奈川県弁護士会

●事務所開業年：2015年

●事務所名：弁護士法人なかま法律事務所

●事務所住所：神奈川県横浜市中区相生町４丁目69番 関内和孝ビル５階

●事務所の人員構成

　弁護士　４名（65期、67期、72期、73期）

　事務員　３名（正社員２名、パートタイマー１名）

●取扱案件の割合

離婚事件	60%
男女問題(不貞等)	10%
顧問	20%
その他	10%

●経歴

　2012年12月　弁護士登録、都内の法律事務所勤務

　2014年２月〜　神奈川県大和市の法律事務所勤務

　2015年３月　独立開業

　2019年５月　中小企業診断士登録

　2021年５月　新横浜オフィス設立

① 独立開業したきっかけ

もともと、人の下で働くことが向いていないと思い、弁護士になりましたから、遅かれ早かれ独立するつもりでした。そのため、1年目から自分で事件をとって、最初から最後までオーナーシップをとって案件を処理する経験を積む必要があると考え、弁護士ドットコムを利用するなどして個人受任をしていました。

神奈川の事務所に移籍してから、弁護士ドットコム経由の依頼が安定して一定数いただけるようになりまして、個人事件の売上げが事務所からいただく報酬を超えることが半年ほど続き、所属事務所に対して申し訳ない気持ちが芽生え、頃合いと考え、独立しました。

② 独立開業前の経営に関する考え方

集客さえちゃんとしていればどうにでもなるだろう、という程度で、経営についてはあまり深く考えていませんでした。独立する前の半年程の間、おおよそ月の売上げが100万程度ありましたので、1人なら何とでもなるだろう、と気楽に構えていました。

③ 経営手法の選択

1人で独立し、現在に至ります。共同経営で急速に成長している他事務所を見てうらやましい気持ちもなくはないのですが、喧嘩別れになるケースや意思決定が遅くなるなどの弊害も聞くところです。「船頭多くして船山に上る」とのことわざもありますように、経営のスピード感を重視すれば意思決定権限をもつ人間は少ない方がよいだろうと思います。経費の分担や売上げの配分の仕方、事務員の教育方針、事務所の営業方針、備品の購入に至るまでコンセンサスをとらないと進まないというのは肌に合いませんので、完全に横並びのパートナーシップというのは今のところ考えていません。

理想でいえば、勤務弁護士の先生が、事務所理念や経営方針に共感してくれてパートナーになっていただけたら、と思っています。

開業場所・不動産の選定

(1) 桜木町を選んだ理由

　桜木町を選んだのは、横浜が地元で、昔からみなとみらい周辺の雰囲気が気に入っていたからです。経営的な観点は皆無です。

　至近の関内エリアに事務所が密集していますので、地理的競合を避ける観点では地方や裁判所から離れた地域で開業する、という発想はありました。実際、独立前に所属していた事務所は神奈川県の大和市という人口に比して法律事務所が少ない地域にありましたので、HPをつくるだけでも差別化できて集客できるだろうな、という感覚もありました。

　ですが、競合がいない所で開業しても、いつ競合ができるかわかりません。例えば、某大手新興系事務所が支店を設立したら太刀打ちできない、というレベルでは結局やっていけませんし、競争相手がいないことに甘えるより、競合がいても選ばれる事務所になることを目指した方が好ましいことは明らかです。結局、競合の存在はあまり考えず、自分が働きたい場所、住みたい場所に近いところで決めました。

(2) レンタルオフィスを選択

　開業時は、最初レンタルオフィスを借りました。シンプルに固定費を減らすためです。開業直後は資金に限りがあり、削れる支出は全て削ろう、と思いがちですが、削るだけでなく、むしろ「削った分をどこにあてるか」いわば「戦略的にケチる」ことが事務所経営のポイントなのかな、と思います。

　自分の場合は、家賃を削った分を広告費にあてよう、と判断し、家賃が安く済むレンタルオフィスを選択しました。

　1人部屋のレンタルオフィスですので、開業費用は、PC等の備品全て含めて50万もしなかったかと思います。ですので、借入れはしていません。

開業直後は１人部屋、事務員さんを雇って２人部屋……という感じで、人員増に合わせて同じオフィスの中で引っ越しを繰り返し、所員が５名ほどになり、キャパシティを超えたところで、今の事務所に移転しました。

　さらに、最近、関内の事務所の相談室が埋まりがちで先の日程を相談者様にご案内することが多くなってしまったため、新横浜支店も開設しました。こちらもレンタルオフィスです。

　レンタルオフィスを選ぶことに抵抗がある方もいらっしゃるかと思いますが、完全個室の執務室があり、会議室の利用料が安価であれば、事務所業務をするうえで特に支障はないかと思います。むしろ、レンタルオフィスは、ターミナル駅などある程度の規模の駅でかつ駅近のビルに入っていることが多く、相談者様のアクセスもよいので、コストパフォーマンスが非常によいです。内装に凝りたい、自分の城が欲しい、という方でなければ、レンタルオフィスを開業場所の選択肢に入れることはおススメです。

❺ 人事労務関連

（1）正社員の事務員を採用

　開業して２か月ほどで正社員の事務員を１人採用しました。ありがたいことに、法律事務所勤務経験のある方も多数ご応募いただいたのですが、結果として未経験の方を採用することとなりました。これは正解だったと思います。法律事務の基本的なスキルは未経験でも半年ほどあれば身につきますし、教育できない要素、具体的には、接遇スキル、ホスピタリティや人当たりのよさや、根本的な事務処理能力の高さをみる方が、よい人材に巡り合える可能性は高いと感じています。

　その後、１年ほど経過して、勤務弁護士を採用するタイミングでもう１人の正社員、パート勤務の事務員を採用しました。その後は弁護士増に合わせて事務員も雇用し今に至ります。

　事務員に関しては、法人化に伴い、社会保険に加入しています。また退職金共済にも加入しております。

まだまだ小さい事務所ではありますが、スキルアップ手当や書籍購入費の補助、福利厚生の充実などはしていきたいと考えています。

（2）勤務弁護士の採用

　勤務弁護士としては69期の先生が初めての採用でしたが、この先生は1年ほどで独立してしまいまして、現在は、72期、73期と1人ずつ採用しております。事務所としては、勤務弁護士がある程度定着してくれないと困る、という部分は正直ありますので、長く在籍してくれる人材を採用したいと考えています。

 取扱案件の詳細

（開業〜3年目）
離婚・不貞40％、交通事故40％、刑事事件20％
（3年目〜4年目）
離婚・不貞70％、交通事故20％、中小企業法務10％
（4年目〜現在）
離婚・不貞60％、中小企業法務20％、その他（ペット法務等）20％

7 顧客獲得の手法

（1）メインはウェブ集客

　一貫してウェブ集客メインです。開業して数年は弁護士ドットコムその他ポータルサイトに一通り登録し、サイトごとの月間問い合わせ数、受任数、受任単価、客筋を分析し、結果の出ていないサイトを順次やめていき、現在は、離婚HPのリスティング広告と弁護士ドットコムに落ち着きました。
　リスティングのキーワード選択やクリック単価、コンバージョン率を継続的に検証したり、HPにコンテンツを定期的にアップしたり、弁護士ドットコムの質問にマメに回答する、Google マイビジネスの更新も定期的に行う

など、ウェブマーケティングには力を入れています。思うに、離婚に悩む方には、弁護士が身近にいない一般の方も珍しくないですし、友人にも相談しにくいところもあり、まずご自身でインターネットでの情報収集をするようですから、ウェブ集客と相性のよい分野ではないかと思います。また、これは全く意図していませんでしたが、会社経営されている方の離婚事件の依頼を受けますと、そのまま会社の顧問契約をいただけることがわりとあります。

(2) ペット関係の案件

　ペット関係は、ウェブとオフライン営業で案件を獲得しています。ニッチな分野であるため、遠方からホームページ経由で顧問契約をいただくこともしばしばあります。地上戦では、事業者の勉強会や団体に積極的に参加し、事業者のイベントでセミナーや勉強会の講師をしたりしまして、感覚の合いそうな人たちと長くお付き合いをしていく中で徐々にお仕事をいただくことが増えてきたという感じです。

(3) 1度限りでやめた広告

　開業当初は、一通りの広告は試してみようと思い、郵便局の封筒の広告や地域広報誌の広告なども営業が来たらとりあえず話を聞いて試しに発注したりしていましたが、やはり効果測定がしにくい、短期的な集客効果が見込めないということで、1度限りでやめました。

(4) 集客方法を選ぶ際に重要なこと

　集客方法を一通り試した実感としては、ウェブにするのかそれ以外にするかは好みの問題で、①自分が無理なく続けられる方法を選ぶべき、②お金を出すだけではダメでウェブならコンテンツを更新するなど、自分の頭と手足を動かさないと効果は望めない、③トライ＆エラーの精神で自分なりに仮説を立てて実行して効果測定をする、PDCAサイクルを回す、この3つが重要だと考えています。

　なお、オフライン営業の場合は、会う人の数より、自分が気に入った人と

何回も会った方が結果的に仕事につながるので、いろいろな交流会に顔を出すより、同じコミュニティのイベントに継続的に参加した方がよいでしょう。また、取扱分野を選択する際は、単価や回転数もさることながら、「自分がやっていて楽しいか」を大事にした方がよいと思います。

⑧ 経営や事務所規模の変化

開業当初は、ワンオペ経営で自分のペースで働こうと思っていた頃もありましたが、件数も増えて、人手が欲しくなり、1年に1人ずつ弁護士を採用し、あわせて事務員も増やしていきました。

最近、年齢を重ねるにつれ肉体的にも頭脳的にも衰えを感じることもあり、プレーヤーとしてのパフォーマンスは40代、50代になればますます低下していくだろうと感じるようになりました。

その中で、いつまでも自分がプレーヤーで働くより、事務所の組織の形を整え、事業の形を整え、事務所全体が有機的に機能するシステムを形づくることを自分の役割にすべきではないかと考えるに至り、現在は、人員、システム等々全体的に整備しているところです。

⑨ マネジメント手法

(1) 弁護士へのOJT

案件処理に関しては、いわゆるOJTで変わったことはしていません。相談に同席してもらって、相談後に相談者に送るまとめシートを作成してもらう、期日に同席してもらって、私や他の弁護士の対応を見て学ぶ、起案は丸投げにならないように随時チェックするくらいです。

起案に関しても方向性さえズレていなければ、あとは好みの問題かなと思っているところもありまして、大きく修正することはあまりありません。3か月〜半年くらいをめどに、簡単な事件を主任として処理していただくようにしています。やはり、自分が主任として事件をこなすことが一番成長で

きますので。欲をいえば、個人事件も少しでもやってほしいなと思っています。事務所事件と違い、自分の背中には誰もいない、オーナーシップをとらざるを得ない状況に自らを置くことでより一層弁護士として成長できるからです。人事に関しては、むしろ他の先生に教えを乞いたいくらいなのですが不公平感が生じないように、経営理念、経営方針、評価において重視する価値観などを具体化し、客観的な評価基準に落とし込む、査定は年2回実施してモチベーションの維持を図る、ということを行っています。

(2) 所内のコミュニケーション

　所内のコミュニケーションに関しては、所員のプライベートを尊重したいので、飲み会や事務所旅行といったものはほとんどありません。その分、1人1人と最低月1回程度ミーティングをする、査定を年2回実施する、気になったら声を掛けるなど、不安や不満をため込まないようにコミュニケーションをとるように配慮しています。

これまでの失敗談

(1) 集客

　集客に関して、開業から数年は、交通事故や刑事事件などウェブ集客に馴染む分野も手掛けていました。交通事故は集客できても事件処理で悩むことが多く、刑事事件はホームページをつくったものの集客が軌道に乗らず、撤退しました。

　今思えば、利益ありきの分野選択がよくなかったのかな、と思います。やはり、自分なりの動機・やりがいがないと、長く続きませんし、お客様もついてこないのだな、ということを実感しました。

(2) 人事

　また、人事に関しても、もともとガチガチに管理するタイプではなくて、「人は勝手に育つもの」と思っている節もあり、入所直後の所員を放置気味にな

り、負担をかけてしまい定着しないということがありました。任せることと放置することは違うのだと痛感しました。

　かの山本五十六も、「やってみせ、言って聞かせて、させてみせ、ほめてやらねば、人は動かじ」と言っているように。反省を生かしつつ、かといってマイクロマネジメントにならないよう、任せるところは任せる、ちゃんと背中を見せる、考え方を伝えることが大事だなと実感している次第です。

弁護士兼経営者としての自身の業務配分

　勤務弁護士採用後は、20〜30％くらいは経営関係にあてられているかな、という感覚です。まだプレーヤー気質が抜けず、自分が事件にタッチしていないとソワソワしてしまいます。もっと切り替えていかなければならないな、と思っています。

12 業務を効率化する手法、使用している書籍やデータベース

　ITツールを積極的に活用しています。

　案件進捗・スケジュール管理は、「Armana」という某大手事務所でも採用しているシステムを利用しています。進捗記録だけでなく、問い合わせ数や受任率、担当者別売上げ等の数字部分も管理でき、使い勝手もよいので非常に気に入っています。

　記録関係は「Dropbox」でクラウド管理、依頼者や顧問先との連絡は、「Chatwork」や「LINE」、所内の連絡は「Slack」を利用しています。

　契約書のチェックは、「AI-CON」、委任契約は「クラウドサイン」を活用しています。

　問い合わせ管理は「Interviewz」というツールで、聞き取りから日程調整、相談票の作成まで自動化できるようにしています。

　判例システムは判例秘書とD1-Law.com です。

　極力ペーパーレスで業務ができるように、紙ファイルは廃止し、期日対応

はiPadで対応しています。ただ、専門書は、電子書籍より紙ベースで読んだ方が頭に入る気がしていて（そんな研究論文もあった気がします）、基本的に紙の本を購入しています。

⑬ 弁護士会の活動への参加

全く参加できていません……。

⑭ ライフワークバランス

開業してほどなく子どもが1人生まれまして、今6歳の娘と2歳の息子がおります。そのため、開業後現在に至るまでずっと家庭優先で仕事しております。開業当初は土日相談や自宅や出先でも電話に出たりしましたが、平日は、子どもを保育園に送った後に出勤し、お迎えのため、遅くとも18時には事務所を出ています。土日も仕事はせず、家族と過ごすようになりました。平日も時間を見つけては、ジムに行って体を動かしています（仕事を言い訳にご無沙汰することもしばしばですが）。朝晩の愛犬の散歩もよいリフレッシュになっています。

かわいい盛りの子どもとの時間は今しかありませんので、貴重な時間を大事にしたいと思っています。仕事は後からでもできますから。

ストレスフルな弁護士の仕事を長く続けていくには、心身の健康管理が極めて重要です。独立するにしろしないにしろ、弁護士業務を続けていくには、自分なりの気分転換の方法を見つけることが大事かと思います。

⑮ 今後、事務所をどのように経営していきたいか

「人も動物も豊かに暮らせる社会を実現する」ことを事務所のビジョンとし、「離婚とペット法務で全国ナンバーワン」になることを目指しています。まずは、今後5年ほどで弁護士10名ほどの規模感で、支店をもう少し増や

すことを予定しています。

　離婚事件を中心にやりたい人、ペット関係及び企業法務を中心にやりたい人、あるいは個人で分野開拓をしたい人、家庭の事情で時短勤務やテレワークで働きたい人など、弁護士1人1人がやりたいことや望む働き方で働き、やりがいを感じて長く働ける事務所にしていきたいと考えています。

事務員採用・育成のポイント

1　弊所（弁護士法人なかま法律事務所）の採用状況について

(1) 採用の経緯

　開業して2か月ほどして、最初の事務員を募集・採用しました。

　もともと事務作業が苦手であったこと、自分で事務作業まで全て行うことが非効率的に感じたことが早期採用に踏み切った理由です。なお、開業直後は妻に手伝ってもらう、という先生もおられますが、私は、家庭と仕事を分けたいタイプでしたので、妻に手伝ってもらうことは最初から考えていませんでした。

(2) どうやって採用したか

　一般的な求人媒体に複数掲載したところ、幸いにも、想定以上に多くの応募がありました。

　どうやら、待遇等の当たり前の情報を具体的に記載していたことと事務所の雰囲気が伝わるような募集要項にしていたことが功を奏したようです。他事務所の応募要項を見てみると、給与や手当、職務内容など基本的な情報の記載がないことが珍しくありません。これらは、求職者サイドで考えれば、当然知っておきたい情報です。求職者であれば当然気になる情報をしっかり記載することが、前提としてとても大事なように思います。

　具体的には、①給与、勤務時間、各種手当、福利厚生等の待遇を明記すること、②適切な賃金設定（高すぎる必要はありませんが、業務量に比して安すぎると応募が来ない、採用できても早期離職につながってしまう）、③事務所の雰囲気（一人事務所であれば所長の人柄）を伝える、④こんな人に来てほしいという点を明確にしておく、⑤事務所理念や入所後のキャリアプランを示す、といった点に配慮すると、ミスマッチも防げますし、応募も増えるように思います。とはいえ開業当初は、高待遇を保証できないと思いますから、残業を少なくする、福利厚生を充実させるなど、働きやすい環境づくりを心がけ、求職者にPRできるようにするとよいでしょう。

(3) 増員のタイミング

　一般的な街弁であれば、弁護士1：1あるいは、弁護士2：1くらいの人数比率が適切とされていますから、弁護士増のタイミングに合わせて事務員も採用する、ということになろうかと思います。

2 開業して1人目の事務員採用・育成について

(1) 採用のポイント

ア 経験者を採用すべきか

私個人の考えとしては、1人目であっても法律事務所経験者にこだわる必要はないと思っていますが、忙しすぎていますぐ猫の手も借りたい、という先生であれば、やはり即戦力の法律事務所経験者を採用した方がよい（そうせざるを得ない）でしょう。

イ 採否を決めるポイントはなにか

求職者の人柄と事務所（弁護士）との相性です。1人目の事務員を採用するタイミング、というのは、ボス弁1人、あるいは共同パートナーを入れて2人程度の極めて少人数の時期になります。どれだけスキルが高くても、対人関係でこじれてしまうと、事務所全体の業務に対する悪影響は甚大ですので、弁護士全員で面接をするなど相性の確認をするようにしましょう。

相性のほかには、職歴を見ることが多いです。といっても大手企業であるとかそういうことではなく、接客業など接遇スキル、電話対応マナー等が身につくような仕事をしてきたかを見たりしています。なぜ法律事務所で働きたいか志望動機をきちんと、自分の言葉で説明できるか、こちらの質問にきちんと回答できるかなど、当たり前のことを当たり前にできるかどうかはやはりチェックが必要です。

ＰＣスキルは最低限あれば困りませんので、それほど気にしません。

(2) 育成のポイント

専門用語や手続きの流れについては、作業内容に関連する範囲で都度教えながら、作業を進めてもらいました。並行して、事務員向けのテキストを事務所負担で数冊購入し、適宜読んでおいてね、と伝えお渡ししたり、弁護士会の研修に参加いただくなどして知識のインプットをしてもらいました。まず私が作成したもの等完成物を見せてまねてもらう、それぞれの手続きについて説明をして理解してもらう、イレギュラーな対応は都度教える等々しまして、徐々にできることを増やしていってもらいました。電話対応は、相談問い合わせに関しては、聴取事項をまとめたリストを弁護士の方で作成し、リストに沿って聴取してもらうこととしています。それ以外の問い合わせについては、困ったら弁護士にまわすこととしつつ、個別の対応を指導し、事務員で対応できる範囲を広げていってもらうイメージです。

　また、事務作業の効率化と処理品質の均一化を図るため、事務員側で処理するタスクを細分化し箇条書きで整理したものを共有し、タスクごとに具体的な処理内容を確認するようにしていきました。2人目の採用以降現在に至るまで、事務員側で適宜アップデートしたものを共有してくれておりまして、これが現在は事務員マニュアルになっています。

3　2人目以降の採用・育成について

(1) 採用のポイント

　募集要項で気を付けるポイントは1人目の採用と変わりません。採用チャネルはWEBのみです。

　求人媒体は、①大手求人サイトと②法律業界に特化した求人サイト両方に掲載をしています。①は、応募数が多いが、志望動機が曖昧だったり面接の連絡をしても返事がなかったり、いわゆる本気度の低い応募が一定数混じってしまうことがあります。②ですと、応募数は少ないものの、事務所勤務経験者や法律事務所で働きたい志望動機が明確な求職者の応募が他媒体に比べると多いように思います。経験者にこだわるのであれば、後者を利用する方がよいでしょう。

(2) 育成のポイント

　概ね1人目の方と変わりません。知識のインプットは、上記マニュアル、市販の法律事務員向け研修テキストを随時参照してもらっています。これらとは別に、弊所は離婚分野の取扱いが多いので、離婚の法的知識に関しては、一般の方向けの平易な本を随時ピックアップして事務局内で読んでおくように伝えてあります。また、接遇スキルについては、電話応対やクレーム対応について書かれた書籍を事務所で購入し、事務局デスクに常備してあります。

　上記とは別に、実際の仕事の中で気になったことは、所内 Slack で共有したり、個別にメッセージを送ったり、定期的にミーティングを実施する中で随時改善を図っています。ミーティングでは、事務員からも改善案を提示してもらったり、普段仕事をしている中で、不安に思うことや苦手に感じていることなども共有できるようにしています。

4　採用のポイント

　結局は人と人のマッチング、ということかと思います。具体的には、①法律事務所

経験や出身大学名、前職の企業名などを重視しすぎないこと、②ポテンシャル・人柄を評価してあげること、③この人と一緒に働きたいと自分が思える人を採用すること、④ほかのスタッフともうまくやっていけそうな方を採用すること、が長期的に活躍してもらえる事務員に入所してもらうための重要なポイントであると考えます。

（中間　隼人）

中村 剛

●修習期：66期

●弁護士会：東京弁護士会

●事務所開業年：2019年

●事務所名：中村総合法律事務所

●事務所住所：東京都豊島区南池袋2-10-3　齋藤ビル3階32号

●事務所の人員構成

　弁護士　　　1名

　事務職員　　1名

●取扱案件の割合

　家事事件　　　　　　35%

　一般民事（不貞慰謝料請求等の家事事件類似型または派生型）

　　　　　　　　　　　25%

　一般民事（上記以外）　30%

　企業法務　　　　　　10%

●経歴

　2013年12月　弁護士登録

　2013年12月〜2019年3月　都内の法律事務所にて勤務（独立

　　　　　　　　　　　　　採算型。いわゆるノキ弁）

　2019年4月　開業

❶ 独立開業したきっかけ

　もともと、所属していた事務所でも、いわゆるノキ弁（独立採算型）であったため、事務所から仕事や報酬をいただくというより、自ら仕事をとってきていました。

　当初は、そのスタイルに満足していたため、あまり独立するつもりはなかったのですが、弁護士になって4年目頃、自分と同世代の弁護士が独立するようになり、自分自身としても、当時所属していた事務所に頼ることなく、自分の力で事務所を運営していきたいと考えるようになりました。特に、1期下の先生の独立開業パーティに出席し、まさに自分の城を構えた姿を見て、独立したいと強く思うようになりました。

　前事務所に所属しながら、自分のスタイルを確立していくという方法もありましたが、前事務所は40年以上もの歴史をもつ伝統的な事務所でしたので、自分の色を出すといっても限界がありました。そのため、前事務所の看板を背負うことなく、自分がよいと思う方法でどこまで通用するか試してみたいという思いが強くなり、独立を決意しました。

❷ 独立開業前の経営に関する考え方

　上記のとおり、独立前から独立採算型でやっており、マーケティングを勉強し、実践して自ら仕事をとってくることはしていました。私の場合は、当時はポータルサイトを利用して、ネット集客を中心に行っていました。このように、独立前から経営に関する意識はしていました。

　もっとも、事務職員やオフィス、設備、会計などは、事務所のシステムに依存しており、その点についてはあまり意識していませんでした。ただ、当時所属していた事務所は、デジタル化がそこまで進んでいるわけではなかったので、自分の事務所を開業した際には、できるだけ省力化、効率化をしてデジタル化を進めていきたいとは考えていました。

　また、事務所経費の一部も分担して負担していましたが、分担金は非常に

安くしていただいていたので、経費についてそこまでシビアではありません
でした。

 3 経営手法の選択

　今のところは、私1人で事務所を運営しています。私としては、真の意味
で対等な共同経営という形よりも、ある程度トップダウン型で、私が描く事
務所像に共感していただける方に協力していただく形の方がいいかなと現時
点では思っています。

　その理由は、まずは自分がよいと思う方法を試したいという思いがあるか
らです。もちろん、今後変わる可能性はあります。

 4 事務所規模・開業資金、開業場所の選定

(1) 事務所規模・開業資金

　まずは1人で開業しようとしました。

　また、開業資金の調達について、借入金にあまり前向きではなく、貸与制
世代ということもありこれ以上借金も増やしたくなかったので、自己資金の
みでいこうと考えていました。本シリーズの第1弾である『弁護士　独立の
すすめ』（2013年）などを参考に、イニシャルコストを試算したところ、
概ね300万円前後だろうと考えましたので、それを預貯金で賄いました。

(2) 開業場所の選定

　開業場所の選定はこだわりました。都内（23区内）で開業しようと考え
ていたことと、ネット集客を中心にしようと考えていたことから、①競合で
ある弁護士数または事務所数が少なく、②人が集まりやすいターミナル駅で
考えていました。

　まず、①の点を検討するために、日本弁護士連合会の弁護士情報提供サー
ビス「ひまわりサーチ」を使いました。ここで、例えば「東京都千代田区」

で検索すると、約8,700件がヒットします（2021年3月現在）。これは、東京都千代田区内にある事務所に所属する弁護士数が約8,700人であることを示しています。ここから、弁護士数が多い4区（千代田区、中央区、港区、新宿区）を除外しました。

　次に、②の点から、山手線内のターミナル駅を検討して、池袋駅（豊島区）と上野駅（台東区）に絞って検討しました。なお、この2駅に絞った理由は、単純に山手線の北側の方が自分に土地勘があり、馴染みがあったことと、比較的土地勘があった渋谷駅は、家賃が高額であったため除外したことによります。

　そこで、両区の弁護士数、人口、乗降者数などを比較しました。検討していた2018年10月時点でのデータが下記のとおりです（その他、私鉄の乗降者数のデータも見ましたが、割愛します）。

	豊島区	台東区
弁護士数	360人	100人
人口（2015.5.1時点）	298,200人	186,300人
JR乗降者数（2017）	566,516人（池袋駅）	187,536人（上野駅）

　このデータを見たときに、台東区の方が弁護士が希少かもしれないと思いましたが、池袋駅の方が上野駅よりも規模が大きく（新宿駅に次ぐ全国2位の乗降者数を誇る駅です）、また、私自身が大学生活を池袋で過ごし、なじみ深い町であったため、池袋駅を選びました。

　また、豊島区内でも、実際には池袋駅以外（大塚駅、巣鴨駅など）で開業されていたり、インハウスだったり、現在は稼働していないと思われる弁護士もいます。それは、上記同様、「ひまわりサーチ」で、例えば「豊島区大塚」の住所で検索すれば、何人の弁護士登録があるかがわかります。私は、アクセスを重視していたため、ターミナル駅である池袋駅以外で開業している弁護士は競合にはならないだろうと考え、池袋駅から徒歩圏内以外は除外しました。そうすると、豊島区内の弁護士のうち、4分の1は池袋駅以外の登録だったので、それを除くと弁護士数は270人になりました。

さらに、私は個人相手（特に家事事件）が多かったので、企業法務系の事務所などは競合対象から除外しました。また、池袋駅は、弁護士数が多い事務所も複数あり、そこは弁護士数が多くても1事務所なので、ネット集客では影響しないだろうと考えました。そこまで検討すると、本当に競合すべき相手がわかってきます。

そのうえで、今度は池袋駅のどこに事務所を構えるかを検討します。池袋駅の場合、大きく分けて東口と西口がありますが、東口の方が栄えており、所属弁護士数も全体の4分の3ほどを占めます。そこで弁護士が少ない西口に構えるのも手ですし、東口の方が栄えているから東口に構えるということでもよいと思います。ただ、いくら検討しても物件がなければ始まらないので、物件を見て、立地や家賃等を考慮して最終的に場所を決めます。私としては、ネット集客がメインなので、徒歩10分以内で探していましたが、当然のことながら駅の近くになれば家賃が高くなるので、最終的にはその兼ね合いです。

そのように検討を重ねた結果、現在の場所に決めました。

なお、レンタルオフィスも考えましたが、いろいろな方にお話を伺ったところ、レンタルオフィスはイニシャルコストを抑えることはできるものの、ランニングコストが結構かかるということを聞いたため、検討対象からは除外しました。

5 事務職員の雇用等

2019年4月の開業当初は、経費を抑えるために事務職員を雇わずに自分1人でやっていましたが、やはり業務量が多くなってきて、処理しきれなくなってきました。ちょうど知り合いが別の法律事務所を退職したので、声をかけたところ、来ていただけることになったので、2019年11月から来ていただいております。

現在は、週2～3日事務所に来ていただき、残りを在宅勤務で行っております。

やはり、弁護士1人でやっていると孤独になりがちなので、その意味でも可能なら事務職員を雇った方がよいと思います。

❻ 取扱案件の詳細

(1) 離婚・男女問題

開業時は、通常の街弁事務所のように、もう少し雑多な種類の事件を取り扱っていたのですが、離婚・男女問題に特化した事務所HPを制作してからは、離婚・男女問題の比率が上がっています。上記のとおり、現在、取扱件数の約6割は、離婚・男女問題に関連した事件になっています。

もっとも、離婚・男女問題に関連したといっても、離婚相談から始まったものの、例えば共有不動産を分けるために共有物分割請求を行ったり、夫婦間や義理の親との間でのお金の貸し借りがあって、それに対する請求を行ったりするなど、離婚調停だけにとどまらないさまざまな案件を行っています。また、離婚の当事者の方から、全く別の案件をご紹介いただいたりすることもあります。

(2) その他の案件

弁護士登録から、労働問題にも力を入れております。労働者側として裁判を行うこともありますし、使用者側として就業規則の作成などを行うこともあります。

さらに、数は多くないものの、最近は企業法務の案件も増えてきて、小規模なM&Aや、海外の人との英文契約書作成案件も行っております。私自身は、それらの経験があまりないため、優秀な友人弁護士に協力を依頼して、クライアントの案件に対応しております。

(3) 取扱案件の種類を絞ることの重要性

私は、上記のとおり、離婚・男女問題が中心で、それ以外も取り扱っているものの、相対的には少ない状況です。離婚・男女問題については、多く扱っ

ているからこそ、処理に自信がもてるようになり、能力も向上し、事件処理の効率も上がっています。また、周囲からも「あの人は離婚・男女問題を多く扱っている」と認識され、普段あまり離婚・男女問題を扱っていない他の弁護士からご紹介を受けることもあります。

　修習生時代は、「いろいろな事件を経験してみたい」と考えていましたが、多くの種類の事件を扱うと、年に１～２件程度しか受任しない種類の案件が多くなってしまいます。そのような状況だと、自分に自信をもつことも難しく、能力の向上も期待できません。

　また、周囲に自分を認識してもらい、事件のご紹介をいただくためには、「あの分野ならあの弁護士」と真っ先に思い浮かべてもらえるような弁護士にならなければなりません。そのためには「離婚事件の経験がある弁護士」では不十分で、「離婚事件ならあの弁護士」と認識してもらう必要があります。「何でも屋」では埋もれてしまうのです。

　ですから、少なくとも得意分野をもち、その分野であれば他の多くの弁護士よりもよい処理ができると自信をもっていえる分野をつくる必要があると思います。特に、弁護士数が多い都市部では、その必要性が一層高いと思います。

（4）事件単価の重要性

　私は事件単価を下げることは基本的にしておらず、そこまで安くは受けておりません（といっても、旧弁護士報酬基準内です）。法テラスや国選事件も扱っていません。そのため、事件数自体はそんなに多くないのですが、事務所を維持する程度の売上げを上げることはできています。弁護士が１人で取り扱える件数はそこまで多くはないので、やはり安く受けることなく、単価を維持することが重要だと感じております。

 7 顧客獲得の手法

　私は、ネット集客がメインですが、具体的にお話しした方が参考になるか

と思いますので、以下、具体的に述べたいと思います。

（1）ポータルサイト

　ポータルサイトとは、インターネット上にあるさまざまなページの玄関口となるサイトなどと説明されます（英語で港を意味する「Port」から来ているようです）。弁護士業界でいえば、弁護士ドットコムをはじめとした弁護士検索サイトのことを指します。私は4種類のポータルサイトを利用したことがあります。

　弁護士のポータルサイトといっても、その内容はさまざまですので、以下ご紹介したいと思います。なお、下記でご紹介するのは私が申し込んだ時点のものであり、その後に変わっている可能性はあります。

ア　各ポータルサイトの特徴

① 　ポータルサイトＡ

　ポータルサイトＡは、私が初めて利用したポータルサイトで、2015年7月に有料登録しました。初期費用は50,000円＋税（写真及び記事は自分で用意）、月額利用料金は30,000円＋税で、注力分野（その分野で優先的に上位に表示されるもの）として3つの分野を選択できるプランを利用していました。注力分野は任意に変更でき、当初は離婚・男女問題、労働問題、企業法務の3つにしていましたが、その後企業法務から相続問題に変更しました。

　ポータルサイトＡは、自分で自由にカスタマイズできるので、問い合わせ可能時間や事務所紹介文の変更、解決事例の追加などをすることができます。

　記録を取り始めた2019年は、月によって5〜20件の問い合わせで、平均すると11〜12件程度でした。もっとも、2020年は平均月5〜6件程度に落ちています。

② 　ポータルサイトＢ

　ポータルサイトＢは、上記ポータルサイトＡで集客がうまくいったことから、追加で登録したポータルサイトになります。こちらは2018年9月から利用しています。初期費用は30,000円＋税（写真は自分で用意、記事の原

案は作成してくれました）、月額利用料金は50,000円＋税で、注力分野は
1つの分野のみです。私は、離婚・男女問題を選択しました。

　問い合わせ件数は、2019年までは月2～7件と幅がありましたが、平均
すると月5件程度でした。もっとも、2020年は平均月3件程度に落ちてい
ます。

③　ポータルサイトC

　ポータルサイトCは、上記ポータルサイトBと同時期の2018年8月から
利用しました。初期費用は50,000円＋税（写真撮影及び記事の原案の作成
をしてもらいました）、月額利用料金は100,000円＋税で、注力分野は同じ
く1つの分野のみです。相続問題を選択しました。こちらは、上記のとおり
月額利用料金が高額であったため、事務所全体で利用することとして、自分
1人の負担を減らしました。

　問い合わせ件数は、5～10件程度で、平均すると月8件程度でした。こ
ちらは、問い合わせ件数が金額に見合わないと感じ、前事務所から退所した
2019年4月にやめています。

④　ポータルサイトD

　ポータルサイトDは、2021年4月から始めています。初期費用は
50,000円＋税（写真撮影は別途行い、記事も原案は作成してくれました）、
月額利用料金は40,000円＋税で、注力分野は5つまで選択できるプランを
利用しています。分野は、離婚・男女問題、労働問題、相続問題、企業法務、
不動産分野を選択しています。

　以上を比較すると、以下のとおりになります。

	A	B	C	D
初期費用 （税別）	50,000円	30,000円	50,000円	50,000円
月額料金 （税別）	30,000円	50,000円	100,000円	40,000円
注力分野数	3	1	1	5

	A	B	C	D
問い合わせ件数	11〜12件/月 (〜2019) 5件/月 (2020〜)	5件/月 (〜2019) 3件/月 (2020〜)	8件/月 (〜2019)	10件/月 (2021.4〜)

イ　ポータルサイトを効果的に利用するために

　上記のとおり、ポータルサイトは、料金も注力分野数も問い合わせ件数もかなり幅があります。月額料金が高いからといって、問い合わせ件数が多いわけではありません。

　ポータルサイトAは、自分のプロフィールページなどをカスタマイズできますので、問い合わせが少なかったら、いろいろ試してみるとよいと思います。対応可能時間を長くしたり、自分の紹介文を変えてみたり、写真を変えてみたり、解決事例を載せると問い合わせ件数が増えることがあります。

　また、どの分野を選択するかも重要になります。あるポータルサイトからもらった資料によれば、当該ポータルサイトで検索される分野は、離婚・男女問題が約27％、刑事事件が約16％、債務整理が約11％、労働問題が約7％、交通事故が約6％、相続が約3％でした。また、別のポータルサイトの資料では、離婚・男女問題が約33％、労働問題が約13％、債務整理が約11％、相続及び交通事故が約8％、刑事事件が約7％でした。時期やポータルサイトによって若干は異なりますが、インターネットで検索されやすい分野には一定の傾向があり、それを踏まえて分野を選択しないとなかなか問い合わせ件数が伸びません。

　さらに、「問い合わせの質」も重要になります。来所や受任につながらないような問い合わせがいくらあっても無駄です。

　参考までに私の経験をご紹介しますと、ポータルサイトAの「離婚・男女問題」で、当初、幅広く離婚・男女問題を受任する意向を示し、離婚、財産分与、面会交流、養育費、親権、不貞行為、慰謝料等々、ありとあらゆるものを紹介文に記入していました。しかし、それでは問い合わせも受任も増えませんでした。そこで、全ての分野を記入することをやめ、「不貞行為の被

請求側を積極的に受任する」ということを全面に打ち出した結果、問い合わせが増え、受任につながるようになりました。

このように、幅広く受けようとすると、かえって埋もれてしまい、問い合わせにつながらなくなります。分野を絞って一点突破していくことの重要性を痛感しました。

ウ　ポータルサイトの変化

2020年に、Googleのアルゴリズムが変更され、ポータルサイトが検索で上位に表示されづらくなりました。そのため、ポータルサイトからの問い合わせは激減しました（代わりに、後に述べる自分で運用している事務所HPの問い合わせは増えました）。

加えて、明らかに問い合わせの質が落ち、受任につながらないような相談が増えています。

このように、時代は常に変化し、いつどのように変化するかわからないため、1つのことに頼りすぎないことが重要です。

(2)　事務所HP

上記のとおり、開業前は、ポータルサイトに頼っていましたが、2019年夏頃に業者にお願いして事務所のHPを制作し、運用するようになりました。制作費用は、660,000円でした。このHPは、一般的な事務所HPというより、離婚・男女問題に特化したHPになっています。やはり、ただの事務所のHPでは集客につながりにくいため、ある程度分野別に特化したHPを制作する必要があると思います。

また、制作しただけでは足りず、きちんと運用する必要があります。リスティング広告（有料でGoogleに優先的に表示してもらう広告）を行い、SEO（Search Engine Optimization。検索エンジン最適化）対策を行って自然検索で上位に表示されるようにする必要があります。また、問い合わせ件数を記録するなどして、現在どのような状況にあるかをしっかりと把握する必要があります。Googleのリスティング広告は、結構細かい設定ができ、例えば事務所から何キロ圏内の人が検索した場合に優先的に広告を出す、豊

島区や練馬区、板橋区内での検索の場合に優先的に広告を出すなど、さまざまな設定ができます。現在は、池袋駅にアクセスしやすい場所で積極的にリスティング広告を行っています。

　なお、Googleのリスティング広告では、毎月いくらまでかけるのかという設定をすることができます。そして、クリックされた回数に比例して料金がかかります。もちろん、高く設定すればそれだけ表示回数も増え、クリックされることも増えますが、広告費が制限なく膨らんでしまうため、適切な金額に抑える必要があります。私の場合は、2020年までは月額約80,000円程度を上限としていましたが、現在は月額100,000円程度まで上げています。これに対する問い合わせ件数は、当初は3〜5件程度でしたが、2020年の後半になると、平均月8〜9件程度まで増えました。2021年は月平均10件以上に増えています。

　また、SEO対策を行っても、自然検索で上位に来ることなんて難しいと考えるかもしれません。しかし、工夫をすれば上位に来ることは可能です。私も、「離婚　弁護士」で検索しても全く上位に表示されませんが、「離婚　弁護士　池袋」であれば、概ね1ページ目に表示されます。運用を開始してから1年程度でも、ある程度ページ数を増やして、こまめに内容が伴う更新をしていれば、Googleから評価され、上位に表示されることは十分可能です。

　なお、私はTwitterもやっていますが、Twitterが受任につながることは多くはありません。もともと営業目的ではなく、趣味の範囲で行っているのですが、定期的にバズっており、Twitterアカウントに事務所HPのリンクを貼っているため、事務所HPのSEO対策にはなっています。

（3）その他
　その他、試してみた広告をいくつかご紹介します。
ア　郵便局広告
　郵便局広告は、郵便局で配布される封筒や、切手・はがき保存袋に事務所名と連絡先を載せてもらう広告です。私が依頼したところは、20,000枚の

配布で210,600円でした。1年程度かけて配布することになります。どこの郵便局で配布してもらうかも選べるため、事務所の近くの郵便局で配布してもらうようにします。

　もっとも、こちらについては、あまり効果は感じませんでした。私の場合、想定している顧客は、事務所周辺に住んでいる方たちというよりも、池袋駅を発着駅とする沿線に住んでいる方たちなので、事務所周辺に配布してもあまり効果的ではなかったのだろうと考えています。また、郵便局広告は、紙幅の都合もあり、多くの情報は載せられないため、事務所名と連絡先、事務所地図の他は、「離婚」「相続」などの単語しか載せるスペースがありません。そのため、あまり訴求しにくいのかもしれません。

　もっとも、地方の事務所で、近隣に住む方たちを顧客として想定するのであれば、効果があるかもしれません。

イ　自治体広告

　自治体広告は、区役所・市役所などにおいて、住民票などを発行した際に入れる袋に事務所の広告を出すものです。私が依頼したところは、1年で175,000円でした。

　しかし、こちらもあまり効果を感じていません。問い合わせ自体は特になく、もしかしたら自治体に広告を載せているということで、事務所の信頼感が高まっているかもしれませんが、現時点で特にそのようなことは感じていません。

ウ　新聞広告

　1度だけですが、全国紙の朝刊に東京23区内で新聞広告を出したことがあります。他の事務所と共同で出すことにより（そのときは3事務所共同で、1事務所当たり17.0cm×18.9cmの紙面を使いました）、費用は121,000円（広告制作費込み）でした。

　しかし、こちらもあまり効果を感じず、問い合わせは特にありませんでした。全国紙であっても、朝刊に1度掲載しただけでは、よほどインパクトがあるか、その朝刊を見た際にすでに相談を考えていなければ、問い合わせにはつながりにくいのではないかと思います。

（4）まとめ

　以上、私が行ってきた広告による集客についてご紹介しました。

　もっとも、広告による集客は、時代や場所によってトレンドが大きく異なります。また、取扱分野や、その弁護士の性格（自分の性に合った集客方法か否か）によっても大きく変わると思います。私がご紹介したのは、あくまでも私が行ってきた１事例に過ぎません。

　ですので、大切なのは上記の方法をそのまま実践するのではなく、これを参考にして、自分なりにカスタマイズし、実践していくことだと思います。

⑧ 経営や事務所規模の変化

　経営手法は、基本的にネット集客で、取扱分野は離婚・男女問題中心というところは変わりません。もっとも、独立前や独立当初は、感覚的に経営を行っていたのですが、最近はきちんと数字を見て、客観的に把握するように努めるようにはなりました。当たり前のことですが、数字が読めること（≒将来どうなるかをある程度予測できるようになること）は経営の基本だと思います。

　規模も、事務職員を１名採用した程度で、そこまで大きな変化はありません。あまり急激な変化はさせずに、一歩ずつ着実に変化させていきたいと考えております。

⑨ これまでの失敗談

　幸い、大きな失敗は今のところなく、順調に来ていますが、細かい失敗はたくさんありますので、いくつかご紹介します。

（1）開業時の失敗
ア　開業時期

　私は４月に開業したのですが、やはり４月は引越しや新たなオフィスの移

転などが多く、引越費用も高くつきがちですし、内装業者なども繁忙期で費用が高くなったり、なかなか都合がつかず予定どおりに工事が進まなかったりすることがあります。また、この時期は賃貸物件の大家も強気なので、賃料や礼金などを下げるのが難しい時期でもあります。特にこだわりがなく、特別な理由もなければ、開業時期は4月から時期を少し外した方がよいのではないかと思いました。

イ　事務所開業日が遅れたこと

　これは仕方のないことだったのですが、4月1日から開業しようと思っていたところ、契約した事務所物件の前の賃借人が3月31日のギリギリまで使用している状況でした。そのため、4月1日から内装業者が入ることになり、1週間ほど開業が遅れました。その間、前事務所に籍を残していただくことを許してもらったため、事なきを得ましたが、前事務所も新たに弁護士を採用したため、その方の勤務開始日が1週間ほど遅れることになってしまい、申し訳なく思っています。

ウ　ビジネスフォン

　ビジネスフォンは必要だろうと思って購入したのですが、その後、クラウドPBXを利用することになり、今では携帯電話で電話を受けることが増えてきました。また、最近はパソコンからつないで電話を受けることもできるようです。机の上に、電話機を置くということ自体が、今後はなくなっていくと考えられることからすると、無駄な買い物になったかもしれません。

(2)　広告の失敗

ア　ポータルサイト選定の失敗

　ポータルサイトは、案件獲得のうえで力になってはくれるのですが、本当に玉石混交だと感じています。

　月50,000円程度であれば、年間1～2件でも受任できれば十分ペイできるので、それほど高い投資とは思わないのですが、月額料金が高いからといって、必ずしも問い合わせ数が多いとは限りません。私は、月額100,000円のポータルサイトも利用したことがありますが、月額30,000円のサイトの

方が効率よく受任できたりもしました。その辺りの見極めは重要だと思います。

イ　HP制作の遅延

自分の事務所のHP制作を行うのですが、業者はあくまでも全体のデザインなどを構築してくれるだけで、記事は基本的に自分で書かなければなりません。有料で代筆してくれるところもありますが、自分の意図と違ったり、自分の色が出せなかったりするので、やはり自分で書いた方がよいと思います。そして、ある程度の記事の量がないと、Googleから評価されないため、1〜2頁の記事を20〜30くらいは書くことになります。

しかし、これがとにかく面倒です。日々の仕事に追われ、裁判書類の起案をしていると、あっという間に数か月放置、なんてこともあります。記事の制作が遅れれば、当然HPの完成もそれだけ遅れることになり、集客の機会を逃す、ということもあります。

自分自身もまだ放置しがちですが、やはり気合いを入れて記事の起案日を設け、早め早めに作成した方がよいと思います。

ウ　HP運用の失敗

すでに述べたとおり、Googleのリスティング広告の設定はかなり細かくできます。事務所から半径何ｋｍ以内に重点的に表示させるとか、どこの地域に重点的に表示させるのかなどです。

当初、私は、事務所の半径何ｋｍ以内に重点的に表示させると設定していました。しかし、私の事務所は池袋というターミナル駅にあり、地元に住んでいる人たちよりは、沿線の人たちをターゲットにしています。

そこで、私は、上記設定を変更し、事務所がある豊島区はもちろんのこと、池袋発着の電車の沿線である練馬区や板橋区などを対象に入れました。すると、問い合わせの量が増えました。

このように、Googleの設定はかなり細かくできるため、十分に活用していく必要があります（私もまだまだですが……）。

エ　他の広告方法の失敗

上記のとおり、ネット以外の集客では、①郵便局広告、②自治体広告、③

新聞広告なども行いましたが、いずれも効果はあまり感じませんでした。

　よい勉強になったと思って支出については納得しているのですが、広告媒体を検討する際には、何が最も費用対効果がよいかをきちんと考えた方がよいと思います。そこをきちんと考えないと、あっという間に広告費が膨らんでしまいます。

弁護士兼経営者としての自身の業務配分

　現在は、弁護士が私1名ですので、どうしても弁護士業務がメインになり、経営のことをゆっくり考える時間がありません。しかし、通勤の合間に経営に関する書籍を読み、毎月の売上げの数字を記録して確認し、売上増や利益増のためにどうすればよいかということは常に考えています。また、事務職員の方から提案を受けて業務の効率化を図ることもあります。もう少し、そのような時間を定期的に確保するよう意識したいとは思っています。

業務を効率化する手法、使用している書籍やデータベース

　弁護士も事務職員も在宅で仕事ができるように、記録の電子化、クラウドサービスの利用、クラウドPBXの利用（事務所の番号にかかってきたものを携帯電話で受けられるようにする）、ネットFAXなどを利用して、在宅においても十分仕事ができるようにしています。期日には、iPadに資料を入れて持って行っているので、ファイルは基本的に持ち歩いていません。

弁護士会の活動への参加

　現在、法教育の活動には力を入れています。特に、日本弁護士連合会主催の「高校生模擬裁判選手権」には、特に力を入れています。

　これは、あくまでも好きでやっているのであって、嫌々やらされたり仕事につなげるためにやっているわけではありません。委員会で知り合った先生

から仕事を紹介していただいたことがないではありませんが、7年間で1～2回程度しかないので、とても効率のよいやり方とは思えません。好きでやっているからこそ、続けられていると思っています（法教育で子どもたちと関わることは、新鮮な発見が多々あります！）。

⑬ ライフワークバランス

　私の場合、土日祝日は基本的に休んで、家族と過ごすようにしています。新規の問い合わせやメールの返信くらいは行いますが、面談の打合せを入れることはありませんし、自宅で起案することもよほどのことがなければしません。

　最初は、特に新規の問い合わせに対しては、土日で対応しないといけないのではないかと考えていましたが、平日でも夜間であれば来られる方がほとんどです。また、「急ぎ」だとか「土日じゃないと相談に行けない」という方ほど、実は受任につながらないことが多いと感じていますので（本当に依頼するつもりがある方は、仕事を休んででもいらっしゃいます）、無理に土日に出勤する必要はないと思います。もちろん、平日を休みにして土日に出勤するということもあり得ると思いますが、私の場合は、家族のために仕事をしているのであって、仕事のために家族がいるのではないと考え、家族との時間を最優先にしています（家族の休みに合わせるとなると、土日休みの方が都合がよいのです）。

⑭ 今後、事務所をどのように経営していきたいか

　今は、弁護士は私1人の事務所なので、気楽ではあるのですが、やはり自分に何かあったときにどうなるかは不安に思いますし、自分1人では自分の器以上の事務所に成長することはできないと思っているので、人を増やして規模を拡大していきたいと考えております（もっとも、そうすると固定費が増えてしまう点が悩みどころですが……）。

また、現在は離婚・男女問題が中心であり、これをもっと伸ばしていきたいということはあるのですが、他の分野にも開拓し、より多くの方々に頼られるような事務所に成長したいと考えております。

　具体的に進めたいと思っているのは、①労働分野、②介護分野、③著作権分野です。

　①労働分野については、現在新たにHPも制作し、広告に力を入れて受任を増やしていきたいと考えております。

　②介護分野については、自分の親族が介護の問題に巻き込まれたことから、自分としても思い入れがある分野です。今後、高齢者社会を迎えてますます介護の必要性は高まると思われますので、この分野で第一人者といわれるような存在を目指したいと考えています。そのために、介護職員初任者研修の資格も取得しました。

　さらに、③著作権の分野は、私自身がもともとテレビ番組制作会社にいて、音楽を使って仕事をしていたことから、こちらも思い入れが強い分野になります。特に映像・音楽の分野で、一目を置かれるような存在になりたいと考えています。

事務職員のリモートワーク

　本文において、現在、事務職員がリモートワークで勤務していることをご紹介しましたが、本コラムでもう少し具体的にご紹介したいと思います。

1　在宅勤務の具体的内容

(1)　概要

　現在、事務職員の方には、基本的に、毎週月・水・金に事務所に出勤してもらい、火・木は在宅勤務としています（お互いの都合により、変動することはあります）。

　在宅勤務では、事務所で購入したノートパソコンとタブレットを支給し、現在、そのパソコンとタブレットを使用して作業を行ってもらっています。

　弊所（中村総合法律事務所）では、全てのデータをスキャンしてクラウドストレージにアップロードしておりますので、自宅からも当該パソコンを用いて資料にアクセスすることができます。

　また、業務連絡は、所内用のチャットで行っておりますので、それにより業務指示をし、または報告を受けています。

　さらに、労働時間管理については、事務職員用のタブレットにタイムカードのアプリを入れていますので、そのアプリで記録してもらうようにしています。

(2)　業務内容

　在宅勤務においては、在宅勤務でできることとできないことをきちんと切り分けることが重要だと感じています。そして、在宅勤務でできることは在宅時にやっていただき、事務所に来たときは、事務所でしかできないことをやっていただくようにしています。

　　ア　在宅勤務でもできること

　　　①　電話

　　　　電話はクラウドＰＢＸを利用していますので、事務所にかかってきた電話を携帯電話で受けることも可能です。また、発信の際も、携帯電話から事務所の番号で発信することができます。

　　　　おそらく、事務職員にお願いする仕事の一番大きなウエイトを占めるであろう電話対応は、これによって在宅勤務でも行うことが可能です。

② ＦＡＸの送受信

　　ＦＡＸはインターネットＦＡＸを利用していますので、インターネットに接続できる環境があれば、自宅からもＦＡＸを送信することが可能です。

　　電話対応の次に多いと思われるＦＡＸの処理（提出書類のＦＡＸ送信、相手方から届いた書類の受領書の記入・返送や、ＦＡＸで届いた書面にファイル名をつけ、事件ごとに分類分けするなど）は、これによって在宅勤務でもすることが可能です。

③ 証拠の整理

　　私は、証拠を作成する際、証拠番号について、プリントアウトしたうえでスタンプを押すのではなく、ＰＤＦ上で証拠番号をつけています。その証拠番号をつける作業も、ＰＤＦへのライティングソフトがあれば在宅勤務でも可能ですので、それもお願いしています。

④ 送金

　　私は、インターネットバンキングを利用しているので、送金も在宅勤務の際に行っていただいています。主な送金は、毎月の家賃の振込み、依頼者への預り金の返還、裁判所への郵券の電子納付、弁護士会照会の手数料の振込みなどの各種の支払いです。

　　なお、インターネットバンキングを利用する場合、一般的に、個人が利用する場合は無料ですが、法人だと有料で月額利用料（1,000～2,000円前後）がかかります。個人事業主が屋号で口座を作成する場合、個人扱いとして無料で利用できる場合と、法人扱いとなって有料となってしまう場合があります。これは、金融機関によって扱いが異なりますので、これから独立される方は、口座開設前にきちんと金融機関に確認した方がよいと思います。

⑤ 備品の購入

　　事務所で使用する備品（コピー用紙、ティッシュ、トイレットペーパー、文具など）も、インターネット上で購入していますので、在宅勤務において注文も可能です。

⑥ 郵便物の発送（一部）

　　事務所の封筒を一部事務職員に持ち帰っていただいているので、自宅の最寄りの郵便局から郵便物を発送することも可能です。発送すべきもの（職務上請求など）を事務所に出勤した際にある程度まとめて、在宅勤務の際に発送をお

願いしています。

⑦　ＨＰの更新

　事務所ＨＰに解決事例を新たに載せるなど、事務所ＨＰの更新も、インターネットが接続できる環境があれば可能ですので、在宅勤務の際に行ってもらっています。

⑧　データ入力

　事務所の経理や預り金の管理、広告の検証のためのデータ入力など、事務所内のさまざまなデータを打ち込む作業も在宅勤務で行っていただいています。

⑨　その他

　最近は、弁護士会主催の事務職員研修がオンラインで行われるようになったので、その研修がある際は在宅勤務にすることもあります。

イ　事務所でしかできないこと

①　郵便物の受領及び送付

　事務所宛に来る郵便物を受領することは、当然在宅勤務ではできません。

　また、郵便物の送付についても、在宅勤務の際にできなくはないものの、やはり事務所に出勤した際の方がスムーズにできますので、出勤時にまとめて対応いただくことが多いです。

②　荷物の受取り

　備品の購入自体はインターネット上でできても、それを受け取るのは事務所に出勤したときでないとできません。そのため、在宅勤務で注文してもらい、出勤時に受け取ってもらうようにしています。

③　書類のデータ化

　郵便物で受領した書類や、依頼者から預かった書類などのデータ化は、事務所の業務用のスキャナーでないとできないので、事務所に出勤した際に行ってもらっています。

④　事務所内の清掃・ゴミ捨て

　事務所内の清掃やゴミ捨ても、事務所でしかできないので、事務所に出勤したときにまとめて行っていただいています。なお、ゴミ捨てが出勤したときでないとできないこととの関係で、ゴミの収集曜日にあわせて出勤日を決めています。

⑤　来客対応

事務所の来客者への対応は、出勤時でないとできません。特に、新規相談の際は、依頼者に相談票を記入してもらったり、相談料を受領して領収書を作成したりするなどの業務が発生するため、事務職員が出勤している際に来客の予約を入れた方が楽ではあります。

⑥　銀行回り

銀行に行く必要がある際（例えば、預金通帳の記帳や事務所内に置く現金の入出金など）も、事務所に出勤したときに行っていただいています。

⑦　備品の購入

上記のとおり、コピー用紙などはインターネットで注文していますが、事務所にストックしておく切手やレターパックは事務所に出勤した際購入してもらっています。また、名刺をお願いしているところも、事務所近くのお店ですので、出勤した際にお願いしています。

2　在宅勤務を導入した感想

もともと、弊所の事務職員が事務所所在地からやや遠方に住んでいたため、通勤に時間がかかり、毎日出勤することがかなり大変な状況でした。そのため、在宅勤務を導入したことにより、1日おきに出勤すればよくなったので、相当負担軽減になったのではないかと思います。

新型コロナウイルス感染症がきっかけではありますが、事務所でしかできないこと、在宅勤務でもできることの切り分けができ、遠方に住んでいる方でも無理なく勤務できるということは、人材活用の点から非常にメリットがあると感じています。

他方で、顔を合わせて仕事をすること、事務所という仕事に特化した場所で仕事をすることの重要性もあわせて感じました。私自身も、自宅で仕事をできる環境は構築しましたが、やはり事務所の方が仕事ははかどります。

両者のバランスをうまくとりながら、今後も続けていきたいと思っています。

（中村　剛）

沼倉 悠

PROFILE

●修習期：66期
●弁護士会：千葉県弁護士会
●事務所開業年：2015年

●事務所名：弁護士法人あらた国際法律事務所
●事務所住所：千葉県千葉市中央区新宿2-7-10
　　　　　　　エレル新宿ビル6階

●事務所の人員構成
　弁護士　　2名
　事務職員　1名

●取扱案件の割合
　一般民事事件　50%
　家事事件　　　20%
　企業関連事件　30%

●経歴
　2013年　弁護士登録
　2013年〜2015年　千葉市内の法律事務所にて勤務
　2015年11月　独立し、あらた法律事務所を開業
　2016年4月　司法修習同期の弁護士を誘い、共同事務所を開業
　2019年2月　共同事務所を解消し、弁護士法人あらた国際法律事
　　　　　　　務所を開業
　2020年12月　初めての勤務弁護士が加入し、弁護士2名体制に
　　　　　　　なる

❶ 独立開業したきっかけ

　私はこれまで3つの法律事務所を開業しています。それぞれ開業の経緯が異なり、きっと読者の皆様の参考にもなると考えますので、少し長くなりますが、私のこれまでの遍歴を紹介することにいたします。

（1）弁護士を志した理由

　私は、中学生の頃、阿部寛さんが主演を務めた『最後の弁護人』という日本テレビ系列のドラマを観て感銘を受け、弁護士になることを志しました。このドラマは、零細事務所を営む主人公が、難解な刑事事件に取り組み、無罪を勝ち取っていくというものでした。ドラマに登場する被告人は、みな一癖も二癖もある人物であり、とても善人とはいえないのですが、主人公は「依頼人がどんな人間でも、弁護を引き受けた以上は全力を尽くす」ことを信念として事件に取り組みます。

　このドラマを観て、私はそれまでに抱いていた弁護士という仕事に対するイメージを覆されました。それまで、私は弁護士という職業は「正義の味方」だと思っていました。しかし、よく考えてみれば、人間には純粋な「善人」や「悪人」は1人としておらず、全ての人間が「善い」部分と「悪い」部分、「強い」部分と「弱い」部分をあわせもっているというのが社会の実相でしょう。当時、思春期真っ只中であった私は、そのような混沌とした社会の中において、1人1人の人間に関わって仕事をする弁護士という職業に強い憧れを抱くようになりました。

　私は、その後、中央大学法学部、中央大学法科大学院へと進学し、2012年5月に受験した初めての司法試験に合格しました。

（2）将来の独立開業を予定して就職

　さて、前記のような原体験から弁護士を志していますので、私は、『最後の弁護人』のような弁護士像（ここでは「個人事業主モデル」と名付けます）をもって弁護士業界に入ることになりました。そして、私は、弁護士登録よ

り3年間から5年間、他の法律事務所に勤めながら経験を積み、その後は自分の法律事務所を開業したいと考えていました。

ところが、そのような独立志向が就職活動の際にも表れていたのか、就職先はまるで決まりませんでした。当時は司法修習生にとって就職氷河期真っ只中。周囲の同期の中には、即独を決意する者もいました。

しかし、当時の私は24歳。独立志向はあったものの、即独してうまくやっていける自信などありませんでした。そこで、いよいよ集合修習も終わりに近付いた頃、焦った私は修習の指導担当弁護士の先生に泣きつきました。すると、ありがたいことにその先生が後のボスとなる先生を紹介してくださり、面接の末、無事内定をいただくことができました。

(3) 予定外の早期独立

私が勤務することになった千葉市内の事務所は、これまでにも複数の勤務弁護士（イソ弁）を育成してきており、概ね3年間育てた後は独立させるという方針をとっていました。そのような事務所の方針は、将来の独立を希望している私にとって願ってもない好条件でした。私は、当初、その事務所に3年間から5年間ほど勤め、その後独立しようと考えていました。

しかし、勤務開始から1年半が経とうとしていた頃、ボス弁護士が急病に倒れました。そして、それ以降、ボス弁護士は事務所に出られなくなり、事務所の体制は、3〜5期上の先輩弁護士（兄弁）たちによる共同経営体制へと大きく変わっていくことになりました。

私は、当初より、将来の独立に向け、早く一人前の弁護士になることを目標とし、ボス弁護士をロールモデルと考えてきました。ところが、そのボス弁護士が倒れたことによって、このまま事務所に居続ける意味がわからなくなってしまいました。その結果、私は、事務所に残るか、より成長できる他事務所に移籍するか、それとも予定を前倒しして独立するかという選択を迫られました。

実は、当初、私は他事務所への移籍という選択をとろうと考えていました。そして、移籍を認めていただける事務所を探し、内定をいただき、兄弁たち

の了承も得ていました。

　ところが、いざ移籍のことをボス弁護士に話したところ、ボス弁護士は「独立しろ」と一言。事務所移籍については決して認めてくれませんでした。後に知ったことですが、ボス弁護士のようなベテランの先生には徒弟制の意識が根強く、勤務弁護士の移籍を恥とする感覚があったようです。いずれにしても、私も、移籍予定だった事務所の先生も、そのようなボス弁護士の反対を押し切ることまでは想定していませんでしたので、結局移籍の話は白紙となってしまいました。

　そのような経緯で、私は、2015年11月に、4坪弱のレンタルオフィスを借り、「あらた法律事務所」を開業しました。

（4）あらた法律事務所の開業とワンオペ体制の限界

　さて、予期せぬ独立であったこともあり、あらた法律事務所の開業当初、私には資金も固定客もない状態でした。しかし、千葉県では弁護士会の配点する法律相談・当番弁護、法テラスの配点する法律相談・国選弁護が豊富にあったため、そのような事件だけでも月50万円近い売上げを確保することができました。また、2015年12月以降、「弁護士ドットコム」への掲載を始めたところ、同サイトを通じて毎日のように問い合わせがあり、月に平均4～5件の新規受任がありました。

　そのため、単純に利益（売上げ－経費）の点でいえば、この当時は非常に安定していました。あらた法律事務所開業当初の月額経費は、賃料約6万円、弁護士会費約4万円、電話料金約1万円、諸雑費約2～3万円であり、月15万円もかかりませんでしたので、それなりの利益が残りました。独立当時は、弁護士の経営環境としては比較的恵まれた時期であったことも幸いしました。

　他方で、私は、事務職員を雇わずに独立開業したため、裁判書類の正本・副本等の作成、外回りなど、あらゆる事務仕事を自分1人でこなしていました。また、外出時の電話は全て携帯電話に転送していたため、一時も気が抜けない状態で仕事をしていました。

そして、ある頃から、私は、上記のようなワンオペ体制では、以後の発展が望めないことに徐々に気づき始めました。特に、弁護士会や法テラスから配点される事件は1回限りで終わってしまうことがほとんどであるうえ、資力の乏しい依頼者が多いため、単価を引き上げることが難しいのです。そのため、当時の体制では薄利多売から抜け出すことが難しく、多く稼ぐためには多く働かなくてはならない状況に陥ることが予想されました。

　このような状況を脱するためには、顧問契約のような定期収入を確保するとともに、自社サイトや紹介といった自前のルートを中心とした顧客獲得手段を確立する必要があると考えました。自前のルートを確立することによって、単価を引き上げることが可能となり、いわゆる大型の案件でなかったとしても収入が安定するようになります。そして、顧問契約や自前のルートを確保するためには、顧客から信用を得ることが重要となるため、レンタルオフィスではなくちゃんとした事務所を構え、事務職員を雇用することも必要に思われました。そのためには今まで以上の経費がかかることになります。

　私は、そのような問題意識を、当時頻繁に情報交換をしていた同期の弁護士に話しました。すると、彼も同じような問題意識を抱えていたようで、とんとん拍子に共同事務所設立の話が進むことになりました。

(5) 共同事務所の運営を経て、弁護士法人あらた国際法律事務所の開業へ

　私は、2016年4月、同期の弁護士とともに共同事務所を開業しました。同事務所には、その後、2017年1月に1名、2018年9月に1名のパートナー弁護士が加入し、最大でパートナー弁護士4名・事務職員2名の体制になりました。その間、私も各パートナー弁護士も売上げや顧客数が拡大していきましたし、外部からはうまくいっているように見えたかもしれません。

　しかし、同事務所の運営が3年目に入った頃から、共同経営体制の矛盾が目立つようになりました。

　前記の共同事務所は、いわゆる経費共同型と呼ばれる体制でした。すなわち、各弁護士の収益を別々にすることを前提としたうえで、経費のみを分担

するというものです。これは、共同経営型の法律事務所において最も広く採用されている体制だと理解しています。

この経費共同型の体制は、各弁護士の経営規模が小さいうちは大きなメリットがあります。すなわち、経費を分担することによって、1人では賄い切れない大きさの事務所を賃借したり、事務職員を雇用したりすることができます。そして、規模を大きく見せることによって、顧客獲得を有利に進めることができます。

ところが、各弁護士の経営規模が大きくなるにつれて、上記のメリットは減じていきます。なぜなら、経費共同に依存しなくても、自ら上記費用を負担することができるようになるからです。これに対して、経費共同型にはパートナー弁護士間に潜在的な利益相反を生むという問題があり、その程度は事務所の規模が大きくなるにしたがって拡大していきます。

利益相反の典型的な場面が、事務職員や勤務弁護士の雇用です。すなわち、経費共同型の多くでは、事務職員の雇用を共同にしていると思いますが、人を雇うものである以上、社会保険や税金の事務が必要となりますし、場合によっては人材育成も必要となります。そのような負担をパートナー弁護士間で均等に分担することができれば理想ですが、それは往々にして難しいため、結局特定のパートナー弁護士に負担が偏ることとなります。また、事務職員には全パートナー弁護士の案件を均等に担ってもらうことが理想ですが、それもまた難しいことであり、特定のパートナー弁護士から振られる案件の負担が大きい場合には、他のパートナー弁護士の案件を疎かにせざるを得ない場面が生じます。そのような利益相反は、事務所設立当初は無視できるほど小さなものですが、各弁護士の手持ち事件が多くなるにつれて無視できないものになっていきます。

勤務弁護士の雇用を共同にする場合はなおさらです。ただでさえ分担する給与額が大きいため、不公平を見過ごすことは難しくなります。さらには、パートナー弁護士間の方針の相違によって、勤務弁護士が必要なのに雇用できない、あるいは勤務弁護士側の居心地が悪くなって早期離職してしまう事態も起こり得ます。

結局のところ、経費共同型は人を雇用することに向いておらず、規模を大きくしていくことを志向するのであれば、分離するか、あるいは雇用を別々にし、相互依存をより低くした体制をとるかの選択を迫られることになります。そして、私は、後者の体制に魅力を感じなかったので、自ら開設した共同事務所を分離することとし、新たに現在の弁護士法人を設立しました。それが現在の事務所である「弁護士法人あらた国際法律事務所」です。

 事務所規模、開業資金、開業場所の選定

　前記のとおり、私は、これまでに３つの法律事務所を開業しています。それぞれ規模や開業資金が異なりますので、以下では項目を分けて紹介したいと思います。

（1）あらた法律事務所（2015年11月開業）

事務所規模：面積約４坪、賃料月額約６万円

開業資金：約25万円

　　　　　（内訳）

　　　　　オフィス敷金１か月分　　約５万円

　　　　　デスクトップＰＣ　　　　約12万円

　　　　　インクジェット複合機　　約５万円

　　　　　家庭用電話機　　　　　　約5,000円

　　　　　その他雑費　　　　　　　約２万5,000円

開業場所の選定：ＪＲ千葉駅近くのレンタルオフィス

　　　独立前に勤務していた事務所がＪＲ千葉駅付近にあったため、極力同じエリアで開業しようと考えていました。また、資金が乏しく、固定客のいない状態からのスタートでしたので、オフィス形態はレンタルオフィスにすることをあらかじめ決めていました。幸いにして、ＪＲ千葉駅付近には複数のレンタルオフィスがありましたので、その中の１つを内見し、雰囲気が気に入ったため、開業場所として選びました。

（2）共同事務所（2016年4月開業）

事務所規模：面積約20坪、賃料月額約20万円

開業資金：約260万円（2人で按分したため、1人当たりの負担額は約130万円）

    （内訳）

    オフィス敷金6か月分・保証料　約135万円

    内装工事費　　　　　　　　　約39万円

    インクジェット複合機　　　　約33万円

    オフィス家具一式　　　約7万5,000円

    事務局用ＰＣ　　　　　　　約13万円

    ビジネスフォン　　　　約6万5,000円

    事務所ロゴ・案内地図作成　約9万5,000円

    その他雑費　　　　　　約16万5,000円

開業場所の選定：ＪＲ千葉駅近くのオフィス用テナントビル

　インターネット集客の都合を考え、所在地は引き続きＪＲ千葉駅付近にすることを決めました。また、顧客への訴求力を重視したので、レンタルオフィスではなく、一般のオフィス用テナントビルに絞って探しました。その結果、駅チカであると同時に、賃料や初期費用が比較的手頃であった物件を開業場所として選びました。

（3）弁護士法人あらた国際法律事務所（2019年2月開業）

事務所規模：面積約25坪、賃料月額約20万円

開業資金：約300万円

    （内訳）

    オフィス敷金8か月分　約144万円

    内装工事費　　　　　　約102万円

    防音設備費　　　　　　約15万円

    オフィス家具　　　　　約10万円

    事務所ロゴ作成　　　　約4万円

事務所内ロゴ看板作成　　　約10万円

　　　その他雑費　　　　　　　　約15万円

開業場所の選定：京成千葉中央駅近くのオフィス用テナントビル

　　現事務所を開設する頃には、集客の主たるルートがインターネットから紹介へと移行していましたので、必ずしも主要駅の近くに立地する必要はなくなっていました。むしろ、今後、勤務弁護士を採用することによって規模を拡大していくことを予定していましたので、多少駅遠であったとしても面積の広い物件が望ましいと考えていました。その結果、ＪＲ千葉駅からは徒歩12分とやや離れますが、京成千葉中央駅からは徒歩5分の現在の物件を開業場所として選びました。

❸ 独立開業前の経営に関する考え方

　　予期せぬ早期独立であったため、弁護士1〜2年目の期間、私は事務所経営について考えたり、勉強したりすることはほとんどありませんでした。そのため、私は、独立開業後、さまざまなビジネス書を読むとともに、いろいろと試行錯誤しながら、少しずつ事務所経営に関する知識や経験を蓄積してきました。

　　ただし、独立開業前から一貫して意識していた考えが1つあります。それは、自分の今取り扱っている仕事が、その仕事自体の達成（とそれによる利益）のみならず、将来のプラスをもたらすようにしよう、というものです。私はこの考えを「複利思考」と呼んできました。

　　例えば、勤務弁護士の頃、私は担当する案件の処理を通じて学んだことをEvernoteのメモに書きまくっていました。このように「学び」を形式知として記録しておくことにより、次に類似の案件を取り扱う際には効率的な事件処理をすることができます。また、そのような記録は、将来後輩の弁護士を指導する際にも役に立つことになります。これらは一見当たり前のことのように思えるかもしれませんが、意識しているとしていないとでは大きな違いになると考えています。

さらに、「複利思考」を顧客獲得の分野に応用するならば、ある顧客の獲得が次の顧客の獲得につながるように意識することが肝要になります。すなわち紹介のサイクルを引き起こすということです。

　このときに重要なのが、顧客獲得の場を適切に選択することです。そして、「複利思考」に基づくならば、紹介のサイクルが起こらないような場は、案件単体の規模のいかんによらず、長期的な利益は小さいと結論できます。

　冒頭に述べたとおり、私は刑事弁護人のテレビドラマを観て弁護士を志しました。そのため、弁護士登録当初、私は刑事事件に熱意をもって取り組んでいました。

　しかし、ある頃を境に、私は刑事事件と「複利思考」とが非常に相性が悪いことに気づいてしまいました。すなわち、刑事事件の顧客獲得ルートは当番弁護と国選弁護がほとんどであるところ、その過程自体には紹介のサイクルは起こりません。また、元被疑者・元被告人の継続案件や紹介案件が発生することは間違いありませんが、資力の乏しい方が多く、弁護士としては薄利を覚悟せざるを得ません。

　確かに、優れた刑事弁護人は優れた民事弁護士でもあると思います。私の元ボス弁護士も、刑事事件にしっかり取り組んできたことが、自分の弁護士としての技能を形づくったという趣旨のことを述べていました。その意味では、真に長期的な視点に立つならば、弁護士は刑事弁護をこそやるべきといえるのかもしれません。

　しかし、当時の私は、刑事弁護の道の険しさと熟達の困難さに恐れおののき、その道を行こうと決心することはできませんでした。そのため、独立開業からしばらくして、刑事事件は一切扱わなくなってしまいました。

④ 経営手法の選択

　前記のとおり、私は当初単独経営の形で独立開業し（2015年11月あらた法律事務所を開設）、その後共同事務所を開設して経費共同型経営に移行し（2016年4月共同事務所を開設）、最終的に再び単独経営に戻っていま

す（2019年2月弁護士法人あらた国際法律事務所を開設）。

　経費共同型経営を解消した理由は、すでに述べたとおりです。加えて、私は、弁護士としての経験を積むにしたがい、自分1人で案件を処理する体制に限界を感じるようになっていました。そのような人的体制では、顧客に対するサービス向上に限界がありますし、私自身、時間を切り売りする仕事のやり方からいつまで経っても脱することができません。そのため、私はある時点から、勤務弁護士を雇用し、複数体制で仕事をするスタイルを目指すようになりました。

　さらに、税金やその他諸々のことを考えたとき、このまま個人事業主を継続するよりは弁護士法人を設立する方がメリットが大きいとも考えるようになりました。

　ところが、経費共同型経営は、勤務弁護士の雇用や弁護士法人設立をする際の足枷になっていました。そのため、次なるステップに進むためには、経費共同型経営を脱することは当時の私にとって必然のことでした。

　なお、私は、現在の単独経営のスタイルが終着点とは考えていません。すなわち、今後、勤務弁護士の数を増やし、事務所規模を大きくしていった場合、ある時点から1人の経営弁護士では管理しきれない状態が生じると予想しています。また、勤務弁護士の側からみた場合、一人前に仕事をとり、かつ、処理することができるようになった後のキャリアプランが用意されていなければ、結局、その弁護士は独立し、事務所を離れていくことになってしまいます。したがって、一定規模以上に事務所を大きくするのであれば、単独経営とも経費共同型経営とも異なる、別の経営形態を選択する必要が出てくるものと考えています。それが、収益共同型経営です。

❺ 人事労務関連（事務職員の雇用等）

　私はこれまでに3名の事務職員を雇用してきました。契約の形態はいずれも正規雇用です。

　私は別に非正規雇用を否定するものではないのですが、長期就労を期待す

るのであれば、福利厚生の整った正規雇用の方が適していると考えています。

　具体的な待遇としては、基本給の他に、年2回の賞与を支給し、中小企業退職金共済を通じて毎月退職金の積立てを行っています。

　勤怠管理や給与計算は私自ら行っています。もっとも、勤怠管理には「CLOUZA」、給与計算には「freee人事労務」というウェブサービスを使用しており、事務作業の負担は極力省いています。

　また、事務職員を雇用すると、年金事務所やハローワークにおける各種保険の手続きが必要となるのですが、これも前記の「freee人事労務」の他、e-Gov電子申請を活用しており、極力省力化しています。なお、手続きの相当部分は、現在、事務職員に担当してもらっており、私が行うのはごく一部です。

　最後に、日々の労務管理において心掛けていることですが、労働条件や職場環境の整備にせよ、待遇にせよ、まずは経営者である私たちに、社員がいきいきと働くことのできる環境を用意する責任があるものと常に意識しています。そして、経営者がそのような意識をもって行動しているならば、心ある社員は必ず応えてくれます。

　まずは経営者が責任を果たし、社員がそれに応えるという、その順番を間違えてはならないと考えています。

❻ 取扱案件の詳細

　取扱案件の内容ですが、独立開業以来、一般民事・家事事件を中心に扱いつつ、徐々に顧問契約を増やしてきました。

　一般民事・家事事件の内訳については、比較的建築・不動産関連事件や離婚事件、相続事件が多いものの、基本的には万遍なく取り扱っています。現在のところ、分野特化は打ち出しておらず、逆にお断りしている事件分野もありません。

　また、現事務所を開設してからは、国際取引をはじめとする国際分野を扱い始めました。英文での文書作成や国外企業との紛争対応などを取り扱って

おり、この分野は今後ますます拡大していくと考えています。

　最後に、顧問契約についてですが、従来は月額3〜5万円のプランを中心にしていましたが、現事務所の開設を機に一新し、現在は月額7〜25万円のプランを打ち出しています。同プランの特色は、顧問契約の範囲で契約書作成や紛争対応といった個別案件の対応を行う点にあり、月額費用に応じて同時進行件数に違いを設けています。このプランにして以来、顧問先会社からは相談や案件の依頼が増え、自然と関係を深めることができるようになりました。また、月額単価を引き上げることによって、比較的大きな会社や成長企業が顧問先になってくれるようになり、継続率も含めて事務所の収支が目に見えて安定化しました。

 顧客獲得の手法（開業時から現在までの変遷）

　独立開業から2年間ほど、すなわち2016〜2017年頃までは「弁護士ドットコム」を中心に顧客獲得を行っていました。前記のとおり、その当時は同サイトからの問い合わせが頻繁にあり、最盛期で月4〜5件、その後でも月2〜3件の新規受任がありました。

　しかし、2018年に入った頃から状況が大きく変わってきました。2016年当時は100名にも満たなかった同サイトの千葉県内の有料会員は、2018年頃には200名ほどになっていました。そして、有料会員数の増加にしたがい、個々の会員への問い合わせ数は激減し、今や月1件の受任すら覚束ない状況になってしまいました。現在、千葉市の中心部では、弁護士ドットコムのみに頼って事務所経営を成り立たせることは不可能な状況にあります。

　そのような状況にも鑑み、私は顧客獲得ルートを徐々に紹介中心へと変遷させてきました。その際、闇雲に異業種交流会等に参加したとしても、名刺の数が増えるばかりであり（それはそれで大切ですが）、成果は多くありません。そのため、私は、弁護士への顧客の紹介を比較的高確率で行ってくれる相手に絞って交友を広げることにしました。それが、税理士、社会保険労務士、司法書士、行政書士をはじめとする隣接士業の先生方です。

具体的には、私は、自ら士業向けのイベントを企画し、幅広い隣接士業の方々と定期的に接点を設けることにしました。そのようなイベントの一例が、「千葉県士業交流会」や「弁護士・社労士勉強会」です。

また、この人はと思う先生には、電話でアポイントメントを求めたり、ＳＮＳを通じて連絡したりするなど、積極的に面識をつくってきました。

その結果、現事務所を設立する頃には、基本的に紹介と顧問契約のみで収益が成り立つ体制を築くことができました。

ただし、それは弁護士が私１人であるうちの話であり、勤務弁護士が加入した今、再び顧客数を拡大する必要に迫られています。そこで、今後は、紹介のみならず、インターネット（とりわけ自社ウェブサイト）を通じた顧客獲得に力を入れていく予定です。

❽ 経営や事務所規模の変化

前記のとおり、私は、小規模単独経営（「あらた法律事務所」）→経費共同型経営（共同事務所）→中規模単独経営（「弁護士法人あらた国際法律事務所」）の順に事務所を発展させてきました。この次は、現事務所を収益共同型経営に発展させていきたいと考えています。

❾ これまでの失敗談

「試してみることに失敗はない」ということを信念にやってきましたので、これまでの事務所経営において失敗はなに１つなかったと考えています（弁護士業務においての失敗は数え切れないほどあります……）。

❿ 弁護士兼経営者としての自身の業務配分

現在は、弁護士：経営者＝８：２くらいの感覚で仕事をしています。ただし、今後、勤務弁護士が増えていくにしたがって、後者の割合を増やしてい

く必要があると考えています。

 業務を効率化する手法、使用しているサービス・ツール

以下のサービス・ツールを使用しています。

【コミュニケーションツール】
　Chatwork
【スケジュール管理・電子メール・ファイル共有】
　Google Workspace（旧：G Suite）
【WEB会議】
　Zoom、Microsoft Teams
【ＰＣ】
　Surface Laptopを愛用
【文書のアウトライン作成】
　WorkFlowy
【資料管理】
　Evernote
【案件管理】
　Armana
【法律書籍サブスクリプション】
　BUSINESS LAWYERS LIBRARY

 弁護士会の活動への参加

　積極的に参加しています。2020年度は千葉県弁護士会の副会長を務めました。

　大げさかもしれませんが、弁護士が社会において特別な地位を占め、自治を認められ、高い報酬を受けることを許されているのは、基本的人権を擁護

し、社会正義を実現するからです。このうち、人権擁護活動等には個々の弁護士によるものもありますが、その規模には自ずと限界がありますし、なんらかの制度（例えば、当番弁護士制度など）を構築したり、国の制度に影響を与えようとする場合（例えば、法制審議会の委員として意見を表明するなど）、1人または少数の弁護士ではとてもできません。そのため、弁護士が実質的意味において基本的人権を擁護し、社会正義を実現するためには、弁護士の職業団体の存在を必要とします。それが世界のほとんどの国においてBar AssociationやLaw Societyが存在する理由であり、私は弁護士と弁護士会とは表裏一体の存在であると考えています。

⓭ ライフワークバランス

　以前は、1日10時間は働き、土日のどちらかは事務所で仕事をするということをモットーにしていたのですが、結婚をし、子どもが生まれてからは変わりました。私生活が充実していて初めて、私たちの人格は成長し、そのことが仕事の成果にも反映されるのだと思います。そのため、労働時間・日数は、少なくとも健全な私生活を営むことのできる程度に制限する必要があります。

　また、近年では、世界的に労働時間・日数を短縮しようという潮流が生まれており、一定のラインから労働時間と仕事の成果との比例関係がなくなるという研究結果も公になっています。

　そのようなことから、現在では、より少なく働き、より多くの成果を出すことを目指しています。

⓮ 今後、事務所をどのように経営していきたいか

　ジム・コリンズ著・山岡洋一訳『ビジョナリー・カンパニー2　飛躍の法則』日経BP（2001年）にいう「第五水準の指導者」でありたいと考えています。同書において、第五水準の指導者は、個人としての謙虚さと職業人

としての意思の強さという矛盾した性格をあわせもっており、その野心はなによりも偉大な企業を築くことに向けられていて、自分個人には向けられていないと説明されています。これまで私は、自分が弁護士としていかに熟達するかということばかりを意識してきたのですが、これからは部下を育成し、彼らが成長すること（＝事務所が発展すること）を通じて、自分も成長していきたいと考えています。

飛渡 貴之

PROFILE

◉修習期：66期

◉弁護士会：第二東京弁護士会

◉事務所開業年：2013年12月（即独）

◉事務所名：弁護士法人キャストグローバル

◉事務所住所：東京都千代田神田錦町2-11-7　小川ビル6階

◉事務所の人員構成

弁護士　　30名

事務職員　20名

◉取扱案件の割合

企業法務　　　　　　　　　　　70%

一般民事（家事、刑事含む）　30%

◉経歴

2013年弁護士登録し、あい湖法律事務所を滋賀県大津市に開業。2016年法人化、2017年東京オフィスを開設し本店を移転、2019年大阪高槻オフィスを開設、2020年弁護士法人キャストを中核とするキャストグループ及び司法書士法人AIグローバルを中核とするAIグローバルグループと合併（機能統合）し、弁護士法人キャストグローバルとなり、所属弁護士30名、グループとしては、スタッフ約400名、国内21拠点、海外8拠点となる。

1 独立開業したきっかけ

（1）勤務という選択肢

　私の両親が自営業（洋服屋→司法書士）ということもあったのかもしれませんが、そもそも勤務をするということが、頭をよぎったことすらありませんでした。

　独立を前提としている場合ですが、独立するために数年間勤務をするという目的が、資金が全くなく、借金をする度胸がないので、開業資金を貯めるためというのであればわかりますが、仕事を学ぶためというのは意味がほとんどないと思います。そもそも、そのための司法修習であること、仮に司法修習があろうとなかろうと、数年勤務したことでそれほど変わるでしょうか。不安があれば徹底的に調べる、先輩弁護士の力を借りる等をすれば、業務は可能ではないかと考えています。

　ただし、次の場合は例外と思います。

　学びたい仕事に、特定の専門性があって、その専門性が相当程度特殊なものであるため、独立してからではその分野の仕事を受けて学びつつ業務をすることが相当困難であり、そう簡単に専門性を得ることができないであろうという場合です。

　その場合は、その専門の先生のところで、馬車馬のように働き、短期間でその専門の案件を数多くこなして、専門性を得ることが必要かと思います。そのような特殊な状況でない限り、独立することを決めているならば、基本的に即独でよいのではないかと思います。

（2）目標を達成するための即独

　また、私には、日本で一番の法律事務所をつくりたいという思いがありました（今ももちろんあります。なにをもって一番かというといまだ定義できていませんが）。私の経歴を述べさせていただきますと、大学卒業後、株式会社 藤商事（東証JQS:6257、就職当時は未上場）というパチンコメーカーに就職、勤務しながら土地家屋調査士の資格を取得し、4年11か月勤務し

て退職しました。退職後、司法書士試験に挑戦し3回目の挑戦で合格、30歳です。司法書士として働きつつ、32歳で同志社大学法科大学院既修者コースに入学し、34歳で卒業・司法試験に合格しました。司法修習終了時点で35歳です。

ロースクール入学を決めた時点で、制度上、いかに早く合格しても実務につけるのは35歳でした。ですから、日本一の法律事務所をつくりたいという目標を達成するためには、勤務してうんぬんという時間がありませんでしたし、それ以上に、目的を達成するために勤務は全く必要でなく、急がば回れとした結果、目的を早く達成するということもないと考えました。

しかし、勤務を否定・非難するつもりは毛頭なく、勤務には勤務のよいところがあります（自分のスタッフにはそう思って楽しんで過ごしていただけるよう考えているつもりで、自分が働きたいと思える事務所を目指しています）。自分の目標があれば、そこから逆算して、今を生きるしかありません。そう考えたところ、即独という結果になったということです。

 独立開業前の経営に関する考え方

お客様によいサービスを提供するために

かつて、弁護士業は、参入障壁が高いために弁護士数が需要に追いついておらず、サービス業としてあるべき競争原理がほとんど働いていませんでした（これまで競争はほとんどなかったのではないでしょうか。現在においても地方によっては競争がないところもあるようですが）。このような環境は、すでに弁護士になっている方々にとってはよい面もあるかもしれません。しかし、このような環境が継続することは、業界にとっても、何よりもお客様にとってよいことはありません。つまり、競争原理が働かないということ、営業努力をしなくても仕事が来るという環境は、弁護士としては、やりたい業務を選択し、やりたくない業務は断るということにどうしてもなりますし、営業努力なく仕事が来るのですから、価格を含めたサービスの質を磨く必要はないということになります。そのような状況の中で、自らを鼓舞させてサー

ビスを磨くことに注力するということは至難の業です。普通はしないという
ことになります。そして、サービスを受けるのはお客様であり、お客様とし
ても、次もまた受けたくなるようなサービス、他と比較してよかったといえ
るようなサービスを受けることが難しいというか、満足できなかったとなる
と、困ってしまいます。また、お客様が、弁護士を選ぶ際にも、弁護士が少
なく、受けてくれる弁護士が限定されるとなると、他の弁護士との比較もで
きず、受けてくれる弁護士を選ばざるを得ないということになってしまいま
す。そうなると、弁護士に対する信頼がなくなり、社会的に弁護士の価値が
低下してしまうということになります。わかりやすいようにかなり極端な書
き方をしていることをご了承いただきたいです。むろん、競争の有無にかか
わらず、素晴らしいサービスを提供されている諸先輩方はおられます。その
ように考えていますから、サービスの質にこだわった法律事務所経営をした
いと思っています。

　また、競争原理があまりなく、小規模の事務所が大半を占めていましたか
ら、組織的規模的な優位性のあるサービスが少なかったと思います。ですか
ら、弁護士数、拠点数を一定程度もち、組織的な運営ができている事務所に
したいと思っています。

　いずれにしても、お客様にとってよいサービスを提供することが目的です。

❸ 経営手法の選択（共同経営か否か）

「日本一の法律事務所をつくりたい」

　日本一の法律事務所をつくりたいという目標があります。えらそうにいっ
ても、日本一の定義が定まっておりません。その目標を達成するためにどう
するのかを考えたときに、自分１人で成し遂げることができると思うほど簡
単ではありません。ですから、どのような形態かはともかく、いずれ共同経
営にしなければならないのかなとは考えていました。しかし、独立時点にお
いて、共同経営という選択肢はありませんでした。

　なぜなら、やりたいこと、向かうべき先がすでに定まっていたので、全く

同じ志をもった人と組まない限り、共同経営はデメリットしかありません。また、当時、ぼやっとしか目標があっただけで、具体的かつ詳細に決めていませんでした。そうすると、同じ志をもっているかそもそも判断できません。また、共同経営をするということは（いわゆる経費共同を除く）、話し合って決定するということになり、決定、行動が遅れるということになります。なにもかもすべてにおいて絶対とまではいえないですが、原則として、何かをやるときに大切なことは、多少見切り発車でよいから、とにかく早く決断し、とにかく早く行動することだと思います。そして、実行しながら、問題点を見つけて修正していき、目的を達成できないとわかればスパっと止めることが、最も大切なことだと思います。失敗したら再起できないような決定以外は、そうすることが必要です。さらに、リスクをとるとらないの判断をするにあたって、なんらかの基準的なものというか、どこまでリスクをとるかということについて、私の判断機能は鈍麻しています。最悪一文無しになってもどうにかなると思っていますので、リスク許容範囲が広いのです。もっとも、弁護士業において、そのようなリスクを伴うことはあまりありませんが。そのような考え方が一致しないと共同経営は難しいのかなと思っています。

　ところで、現在はといいますと、大先輩の弁護士で、私とは違って特定分野で圧倒的な専門性をもつ、素晴らしいパートナーと出会い、共同代表をさせていただいております。

 4　事務所規模、開業資金、開業場所の選定

（1）滋賀県大津市を選んだ理由

　即独時点で、JR大津駅前、大津地方裁判所の向かいに、事務所を賃貸していて、机、パソコン、電話等の事務機能のハード面があり、スタッフも事務職員が2人いました。開業資金は3,000万円ほどでした。

　場所を選んだ理由は、滋賀県出身ということ、それまで滋賀県で司法書士としてやっていたということ、滋賀県は近畿のベッドタウンとして、関東圏

を除いて唯一人口が増加している都道府県であったこと（現在は減少になりました）、滋賀県大津市（JR大津駅前）は、県庁所在地としての機能が駅前に集まっており、特に、我々弁護士にとって必要な機能や、地方裁判所の本庁が駅前にある数少ない地方都市です。さらに、JR大津駅からJR京都駅まで9分で新幹線に乗り換えられますし、JR大阪駅までも39分と都市へのアクセスが大変よく、都会に近い田舎として最高の場所の1つです。

（2）即独に向けた逆算

　ところで、即独することを司法試験挑戦時点で決めていましたし、どんな法律事務所にしたいかもおぼろげながら決めていました。そのために、司法試験挑戦を決めた時点において、ゴールから逆算してどうすべきかという話でした。まずは、開業へ向けて、最短での開業は、2013年12月でしたから、そこに向けてということになりました。

　私は、母親が司法書士であったことから、司法書士になっております。母親が飛渡司法書士事務所を滋賀県草津市で個人事業としてやっておりましたから、2008年に司法書士に合格して母親の事務所で働きました。そして、弁護士としての独立開業に向けて、この環境を有効に活用することを考えていました。ですから、母親にも一定の将来像を伝え、自分が弁護士として開業するときの準備としてうまく使わせてもらったわけです。結果、上記理由もあり、司法試験受験前には、滋賀県大津市へ事務所を移転させていましたし、飛渡司法書士事務所という屋号も、あい湖司法書士事務所と変更しておりました。

　独立してスタートダッシュをしたかったので、一定の資金を貯め運用していて、サラリーマン4年11か月で約1,000万円の資産をつくりましたし（高給ではありません）、司法書士4年で約2,000万円近くの資産をつくりました。司法書士も高給ではなかったですが、実家にお世話になっていたので、家賃がなく、一緒に食事をする分には食費もなしと恵まれた環境でしたから、自己啓発で使う費用以外はほぼ貯金しておりましたので、貯めることができ、また、運よく資産運用にも成功しました。そして、合計3,000万円ほどの

資金をつくることができ、全てを開業資金にあてました。

 人事労務関連

（1） スタッフがいること

　司法書士事務所を弁護士事務所に変更したため、司法書士事務所にいた事務職員2名にそのまま弁護士事務所に転籍してもらい、独立時点からスタッフを抱えることができました。準備としてはよい環境ともいえるのですが、一方で、売上げの目途がないところでいきなり人件費がかかるというデメリットがありました。しかし、独立後の営業、自分がすべきことを限定しなければ、時間がいくらあっても足りません。かかってくる電話を転送して、すべて自分が応対するというのは、あまりに非効率ですし、忙しすぎて将来のために必要なことができなくなってしまいます。そもそも、そのための開業資金を多めに準備したということもありました。

　結果的には、即独時点でスタッフがいたことはよかったです。ただ、困ったこともありました。というのも、スタッフはこれまで司法書士業務をしていましたし、業務内容が事務的でした。当然ですが、弁護士業務は全く異なっていて、これまでの経験があまり意味をなさないどころか、マイナスになる部分もあり、熟練したパラリーガルがいるのとはわけが違いました。ですから、スタッフがいるといっても電話応対が可能という程度でしたから、大変でした。

（2） 弁護士の採用

　目的を達成するために必要だと思っていましたので、即独一年目に、弁護士採用を試みました。運よく、教官の紹介でとてもよい人に来てもらうことができました。今も在籍し、右腕となってくれています。とても頼もしく、スタッフ、お客様からの信頼も厚いです。

取扱案件の詳細（開業時から現在までの変遷）

（1）受験前から準備

　即独が決まっていましたから、司法試験受験前から独立してどうやって仕事をとってくるのかを考えながら、日々生活していましたし、司法試験合格からは、さらにやることと目的が具体化していますから、特に考えるようになりました。司法修習のときは、独立のためのさまざまな準備をしていました。どのような業務についてどのように営業しどのようにこなすのかという点が中心です。周りの大半の修習生は、合格に喜んで遊んだり、何か好きなことをする1年という感じでした。しかし、私はそういった楽しみや遊びに付き合いつつも、独立のための準備を着々としていましたし、修習のプログラムも独立に必要か否かで選択していました。

（2）即独以降

　即独時においては、特に力を入れる分野を決めていませんでした。一応、これはやっておかないとという分野、債務整理（過払い、破産、再生）はありました。理由は自分にできて仕事がとれるからです。司法書士のときにもしていましたから、スタッフに一定程度お願いをすることができる数少ない業務でしたので、やらないというのはもったいないと考えました。当時は、過払いのブームは過ぎ去って、下火というかテレビ広告等をする事務所のみが行う状況ではありましたが、それでも地方都市だったこともあり、広報に載せているだけでもぽつぽつ（四半期に1件程度）受任できる見込みがありました。また、破産・再生については、もう少し受任できました。もっとも、大規模に広告をしたわけではありません。債務整理事務所というように思われるのは避けたかったからです。それ以外の分野については、とりあえずホームページをつくり、いろいろやっていると見えるようにしながらも、どれに注力するかは、動きながら勉強したり営業したりしておりました。そうしていくうちに目を付けたのが交通事故でした。理由は、弁護士ならわかっていただけるので割愛します。その他個人法務、離婚、相続や企業法務にも随時

力を入れていき、それなりの数を受任させていただきました。開業4年目くらいから、特に企業法務に力を入れ出しました。なぜなら、税理士さんと話しているといつも感じたのが、顧問先から月額の安定的なストック収入があることは強いということだからです。それと、そもそも日本一の法律事務所を目指しておりましたから、企業法務ができないというわけにもいきません。少ないリソースを効率よく使っていくためにも、どの時点でどれをどれだけやるのかということはかなり重要で、振り返ってみるともっと効率的にできたなと思うところは多々あります。ほぼ人的資源のみを利用する弁護士業界ですと、この点をあまり気にしなくなってしまうのですが、やはり総花的にやりすぎると生産性が著しく下がってしまい、スタッフのやりがいを奪ってしまいかねません。

7 顧客獲得の手法

(1) 人と会う

　まず行ったことは、古典的な手法ではありますが、いろいろな場所に顔を出し出会いをつくり、情報を得て、お仕事のご紹介をいただけるようにするということです。即独が決まっていましたから、司法試験に合格した時点で取り組みました。具体的には、修習生のときに、凄腕の保険営業マンの営業手法を学ぶために、そのような方がされている会合に出たり、一般社団法人大阪青年会議所（JC）に入ったりしました。そういえば、修習生がJCに入ったのは初めてでは？　勤務先は最高裁判所か？　などと言われた記憶があります。

　また、さまざまな知り合いに、司法試験に合格して2013年12月から弁護士をすることを伝えました。友人、司法書士のお客様、同期の司法書士などです。伝えるだけでは意味がないのでは？　という方もおられるかもしれませんが、自分がなにをしてなにができるのかを伝えることは営業の第一歩ではないでしょうか。もちろん、単に伝えただけでは意味がないです（よっぽど希少性がある場合、例えば弁護士過疎地域で開業するなら、弁護士になっ

たと伝えるだけで足りるかもしれませんが）。開業してからは、「弁護士」と名乗れますから、より顔を出しやすくなり、地元の商工会議所青年部やBNIに入るなどしました。

（2）広告、ウェブマーケティング

　次に、またも古典的方法ですが、紙面広告をしました。地元自治体の広報や電話帳に載せるなどです。

　さらに、ウェブマーケティングもしました。そうはいっても、クリック広告等をしたというよりも、ホームページを作成し随時情報を載せていくということがメインです。ある程度のホームページができ、業務を受けられる体制ができてからは、クリック広告等も開始しました。

　広告関係については、私の妻がデザイナーをしており、学生の頃から事業会社に勤め、10年以上のキャリアがありました。妻が、その経験を生かして、あらゆるデザインを制作してくれたこともとてもよかったです。デザインの効果がどれほどあったのかを確認することは難しいです。そのためか、結構、デザインを軽視しているなという広告をよく見かけます。しかし、よくよく調べるとやはりとても大切な要素ですし、その広告に応じたテキストの配列など、読んでもらう工夫も大切です。内助の功が幸いして、大活躍してくれています。

（3）ポータルサイトへの有料登録

　また、ポータルサイトへの有料登録については、当時は弁護士ドットコムくらいしかなかったですが、有料登録しました。2014年春くらいですが、当時、開業した地の滋賀県大津市では、弁護士ドットコムの有料会員が私だけだったような気がします。ですので、相当数の問い合わせ電話があったように思います。現在はたくさん有料登録されている先生がおられますので、当時ほどの効果はありません。

　まずは仕事をとってこないと次に進めませんから、開業資金の3,000万円は惜しみなく使いました。営業の電話がかかってきても、だいたいは断ら

ずに営業されていました。電話してきた営業マンと話してみて、その営業マンの話にのるとその会社と私がビジネスをすることになるのですが、その営業マンが担当としてビジネスを始めるのに基礎的なものをもっているのかということのみを確認して、それをもっていればとりあえずやってみる、ダメだったらやめればいいという感じでした。

　幸いにも我々士業は、人件費以外の経費（即独時は1人ですから、自分の人件費なんてないようなものですし）はそれほどかかりませんので、鳴かず飛ばずの広告でない限り、赤字ということはありませんから、とりあえずやってみました。そうしているうちに、自分にも広告の知識がついてきて、受ける前に多少の判断ができるようになりましたから、今ではそう簡単には営業にのりません。

❽ 経営や事務所規模の変化

（1）弁護士の採用

　日本一の法律事務所にしたいという想いがありましたから、即独1年目に弁護士を求人しました。1,500人合格となって新司法試験が始まりさらに合格者が増え弁護士が急増したことによって、65期から68期くらいでは業界全体で雇用の調整がかなり入っていたためか、相当の就職難でした。そうはいっても、即独1年目の弁護士がボスの事務所に勤めてもよいと思うような弁護士は普通はいないので、採用はなかなか難しかったです。民事弁護教官に誰かいないかと紹介をお願いしたところ、結婚を機に関西へ引っ越してくるという修習生がいて、検討してくれるということで、お会いしてみるとよい方でしたので、来ていただけることになりました。彼は、今も在籍し、相当頑張ってくれています。彼には、大変感謝しています。

　受験生時代から即独を考えておりましたから、受験仲間もいつか一緒に働くかもとの考えでおりました。知り合い、紹介ベースで弁護士数を少しずつ増やし一定の規模になると、募集をすれば検討してもらえる事務所となりました。

(2) 規模の重要性─サービスと事務所規模

　ところで、規模を否定する方もおられるかもしれませんが、規模には一定の価値があり、規模がないとできないことがたくさんあります。適切な競争が働き始めたサービス業である法律事務所として、生き残っていき、お客様に喜んでもらえる価値のあるサービスを提供できる状態であり続けることが必要です。そのためには、サービスが他と差別化できていることが必要です。旧来のいわゆる町弁、町のあらゆる紛争等さまざまな案件をしているということは、サービスとして差別化ができなくなっています。これはあくまで、弁護士数が少ない、その町に弁護士が少ないことによって、ただ弁護士でありさえすることにより差別化できていたにすぎないからです。

　サービスの差別化をしていくには、なんらかの具体的なサービスが他より優れていて秀でていることが必要です。そうすると、規模とは直接関係しませんが、英米法に強い、著作権に強い、刑事に強い、離婚に強いなどの一定のサービスが熟練されているというのが王道かつ最も有効でしょう。サービスが熟練するには、その分野を多くこなして解決していくことが必須であり、最も熟練に必要な要素です。書籍を読むことは大切ですが、やはり、どの程度実務をしたか、どれほど数をこなしたかが、熟練に直結します。1人でできる数には限界がありますから、小規模の事務所になればなるほど、案件の処理数が少なくなり、サービスのノウハウが弁護士、事務職員にたまりにくいということになります。そうすると、小規模の事務所では、ある特定の分野に限って徹底的に業務をこなし、サービスを熟練させ、特定分野に強い法律事務所としていくことが必要となります。逆に、規模が大きくなればなるほど、こなせる業務数が多くなりますから、弁護士、事務職員にノウハウがたまります。また、規模が大きくなればなるほど、インフラに投資できる金額が大きくなりますから、より質の高いサービスを提供するためのシステム等に投資して、さらなる質の高いサービスを提供できるようになります。規模が大きければそれでよいということはないにしても、規模が小さいよりは大きい方がよりよいサービスを提供できる土台があるといえるのではないかと思います。

また、サービスには、質だけではなく、料金も含まれます。インフラを整え効率化できるようになれば、他の事務所よりも安くサービスを提供できるようになります。弁護士の場合は事前にサービス内容を見極めることは難しいとは思いますが、価格が安い方がよいであろうということになります。

⑨ マネジメント手法

　弁護士法人キャストと合併したことで、2021年1月現在で、54番目に弁護士数（外弁を含む）が多い事務所となりました。そういう意味では、大型事務所の一角といえるかもしれません。しかし、合併間もない現在において、マネジメントとして語れるのは旧弁護士法人あい湖法律事務所のマネジメントです。また、マネジメントといっても、23名程度ですから、まだまだ1人1人の顔が見えているので、大したマネジメントができていませんでして、現在絶賛マネジメントの勉強中です。

⑩ これまでの失敗談

　リスクに対して感覚が鈍麻していることの裏返しなのかもしれませんが、失敗を覚えていません。というか、過去のことに執着がなく、未来にほぼ全力なために、小さい頃どころか、大学生の頃の思い出もほとんどありません。そんな性格なので、失敗も覚えていません。失敗していないなんてことはあり得ず、とにかく思いついたら最速で行動する性格ですから、たくさん失敗しているはずです。たぶんですが、すぐ軌道修正して（場合によってはすぐにやめる）、その結果成功したと思い込んでいるのです。一生懸命、失敗談を思い出し、少しでも読んでいただいた方に共有したいのですが……。

　今思いつくことは、騙されて300万円なくなった、100万円なくなったとかくらいで、弁護士事務所経営にはなんの参考にもならないことです。

　採用について、安易に考えすぎて、大変な人を採用してしまったということもありますので、しっかりと採用試験をすること、試用期間をつくり、そ

の期間内に見極めて本採用が難しい場合はやめていただくようにすることは大切かなと思いました。

弁護士兼経営者としての自身の業務配分

　マネジメントすることが最も大切ですから、マネジメントがほぼ占めています。ただ、日本一の法律事務所となったときに、マネジメント一本で自分がいるのかはまだ定まっていません。現時点では、専門分野を1分野でよいのでもちたいと思っていますので、弁護士業務をしています。具体的な担当案件は、顧問会社39社、交通事故1件、離婚1件、債務整理2件、その他事件1件という感じです（2021年6月現在）。

業務を効率化する手法、使用している書籍やデータベース

　ＤＸ（デジタルトランスフォーメーション）は独立時から進めていました。コロナ禍によって急速に進み出しましたが、弊社はＤＸを進めていましたのでテレワークに支障が少なく移行できてよかったです（弁護士に限りますが）。クラウドによる案件管理（オンプレでも別によいですが外部からアクセス可能かどうかの問題）、ビジネスフォンをスマホでも受けられるようにする、内線をスマホでできる、ファックス（遅れている裁判所と遅れている弁護士事務所のため）を外部から送れるといったことが対応できていました。

弁護士会の活動への参加

　あまり参加できていません。即独時は、滋賀弁護士会という地方弁護士会だったこと、諸先輩方に仕事について質問させていただける環境をつくるため、多少活動をしていました。だんだん参加する時間がなくなり、現在は全く参加できていません。しかし、自分がしてもらったことを返さなくてはいけないと思いますし、弁護士会の活動の大切さ大変さを理解しているつもり

ですから、一定の条件が整えば弁護士会の活動をしっかりしようと思っています。

ライフワークバランス

　家庭をもつまでは、ライフ＝ワークくらいの感じでしたから、そもそも四六時中ワークでバランスがとれておりました。しかし、従業員が増え（といっても20名程度ですが）、家庭をもつと、幸せの感覚が変化してきました。これまでは、自分の幸せ＝自分が満足しているかであったのですが、自分の幸せ＝家族、従業員、身近な人を幸せにできているかという方向にシフトしました。そうすると、四六時中ワークをすることは、家族、従業員が幸せになることにつながるとは限りません。

⑮ 今後、事務所をどのように経営していきたいか

　村尾龍雄弁護士という、年上で、香港弁護士資格をもち、日本における中国の第一人者である先輩弁護士とともに事務所経営をさせていただくことができたために、未来への大きな野望がより実現できるようになりました。また、上野興一司法書士、本多正克司法書士とともにキャストグローバルグループという士業グループを組ませていただきました。渉外も含めて高いレベルで企業法務が対応できる、また、国内に複数拠点をもち、個人法務も高いレベルで対応できる事務所として、お客様によりよいリーガルソリューションを提供でき、スタッフが幸せな事務所を目指します。

星野 天

●修習期：70期
●弁護士会：第一東京弁護士会
●事務所開業年：2019年4月

●事務所名：ＴＥＮ法律事務所
●事務所住所：東京都文京区本郷４−２−２　北信ビル３階

●事務所の人員構成
　弁護士　　１名
　事務職員　１名

●取扱案件の割合
　一般民事　　０％
　家事事件　10％
　刑事事件　30％
　企業法務　60％

●経歴
　2017年12月　弁護士登録
　2017年12月〜2019年4月　都内の法律事務所にて勤務
　2019年4月　　開業

私は、勤務経験が１年と４か月で独立しました。同期の弁護士と比べると少し早いとも思えます。なぜ、私が早期に独立したのか、またどのようなことを考え、独立したかについて、詳しく説明したうえで、今後独立を検討している皆様になにかしら参考になるようなアドバイスができたら幸いです。私は比較的早期に独立した関係で、私の経験自体は参考にならないという読者の皆様には、アドバイスのところだけ読んでいただければよいのではないかと思います。

 ## 独立したきっかけ

（1）私の経験

　私は、26歳までシステムエンジニアとして、一般企業で勤務していました。司法試験に合格したのは30歳でした。したがって、弁護士になったのは31歳のころで、遅くに弁護士になった方だと思います。

　周りと同様に勤務弁護士を数年経験したうえで独立すると、その分スタートするのが遅くなるので、弁護士登録直後から、独立は常に意識して、少しでも早く独立しようと考えていました。

　そんな中、私の能力不足もあり、勤務していた事務所の仕事をうまくこなすことができず、悩む日々が続きました。これでは、事務所の他の弁護士やお客様に迷惑をかけてしまうかもしれないと考え、半ば見切り発車で事務所を退所し、独立することになります。

（2）アドバイス

　独立したきっかけは、なんでもよいと思います。大切なのは、独立したい気持ちだと思います。独立した後、さまざまな経営弁護士と接する機会があり、その際に口を揃えておっしゃるのが、「早く独立してよかったのではないか」という言葉でした。独立することは、怖いと感じているかもしれませんが、それは、「知らないものに対する恐怖」なのではないかと思います。思い返せば、司法試験を目指すことを決めたときに、確実に合格できる保証

はなかったはずです。それでも、挑戦したきっかけはなんでしょうか？　独立も同じものなのではないかと考えます。

　実際、勤務弁護士と独立した弁護士は、主観的な面はもちろん、客観的な面も異なります。給料という保証がある状態では、どうしても保守的な考え方になりますが、独立した場合には、給料がなくなる代わりに、たくさんの「時間」と「自由」を手に入れることになります。

　この「時間」と「自由」に加え、自分の知識や経験、発想などでお客様にサービスを提供することでその対価をもらうことは、大変「楽しい」ことなのではないかと思います。

　皆様が抱く一番の不安は、お客様がつかないことなのではないかと思います。「お店をつくって、看板を出せばお客さんが来ないということはあり得ない」と誰かが言っていました。確かに、最初からお客様がひっきりなしに来ることはありません。しかし、最初は少ないかもしれませんが、来るお客様1人1人を大切にすれば、そのうち繁盛店になるのも可能なのではないでしょうか。

　繰り返しにはなりますが、司法試験という難しい試験をクリアできた皆様なら、それよりも簡単な法律事務所の経営もうまくいく可能性が高いのではないかと思います。

　まずは、1歩踏み出すことが大切なのではないでしょうか。「始め半分」という言葉があるように、最初の1歩目が一番重要で、1歩目さえ踏み出せば、成功の半分は手に入れたといってもよいのではないかと思います。

 2 独立開業前の経営に関する考え方

（1）私の場合

　見切り発車で独立したため、経営については特に何も考えていませんでした。ただ、日ごろの愛読書が経営に関する本で、経営に関する情報にはアンテナを立てて、情報収集をしていたこともあったことから、「低資本・利益率が高い・在庫を抱えることがない・毎月固定収入が確保できる」ビジネス

は成功しやすいと考えていました。

　弁護士というビジネスは、低資本で始められて、在庫を抱えることがないビジネスです。人件費が主な経費になりますが、利益率は他業種に比べ、高い業種です。そこで、毎月の固定収入を確保することが重要な課題と考えていました。

　加えて、自分の強みと弱みを理解していました。自分の強みは、中国語が話せること、感情に左右されず物事を合理的に考えられることで、弱みは、感情に流されている人の話を聞くことです。これらから、自分とマッチングした顧客が誰なのかを自己分析しました。

(2) アドバイス

　まずは、弁護士は「低資本・利益率が高い・在庫を抱えることがない・毎月固定収入が確保できる」ビジネスであることを深く理解してください。法律事務所の経営の特殊性をしっかり理解することから始まります。

　次に、自分の強みと弱みを分析してください。ここが大変重要だと思います。司法試験の合格は、弱点の克服がメインだったと思いますが、経営はこれとは全く異なると考えます（人によって考え方が異なるので、あくまでも私見です）。自分の長所を2つ3つ見つけてください。ここで重要なのは、見つけるのは「好きなこと」ではなく、「得意なこと」です。なぜ、「好きなこと」ではなく、「得意なこと」を見つけるのかについては、紙面の関係上割愛します。

　そして、「得意なこと」を見つけたら、そのお客様は誰なのか？　をしっかり考えれば、自然と競争力がある分野が見つかります。特に、得意なことの掛け算になるところは、他よりかなり競争力があるところになるので、得意なことのクロスしたところになにがあるのかもしっかり考えましょう。

　この点、「ジョハリの窓」という考え方があります。1人で悩まず、いろいろな人と話すことで、真の自分を見つけ出すことができるのではないかと思います。具体的なやり方については、こちらも紙面の関係上割愛させていただきます。

経営手法及び事務所開業場所等について

（1）私の場合

　早期独立したこともあって、一緒に独立してくれる友人はおらず、結果1人で独立することになりました。

　前述したとおり、小資本で始めることを意識して、開業資金は、オフィスの椅子等を購入する程度で、10万円ほどでした。

　事務所を開所するに当たって、友人のご厚意で、経営する会社の一角を無償で借りることができました。独立の10か月後に、自分で独立したオフィスを借りました。場所は、本郷三丁目駅徒歩1分で、お客様を呼ぶことが多いことを考え、オフィスから地下鉄の入り口が見える場所にしました。現在は、弁護士1名と事務職員1名ですが、今後は多少規模を拡大したいと考えています。事務職員は、大学院の後輩を採用しています。

（2）アドバイス

　独立は原則として、単独での独立をお勧めします。

　もちろん、専門分野が全く異なる人とは相乗効果がありますので、パートナーシップでの独立を考えるのも悪くないと思います。しかし、形式上、パートナーも自分と同じ日本の弁護士資格を有していることから、形式的には、同じことができるということになります。そこで、例えば、外国の弁護士資格を有しているような形式的にも異なる資格・業務分野のlawyerと共同で独立すると相乗効果があるのではないかと思います。

　前で述べたような専門分野の明確な違いがない限りは、単独で独立することをお勧めします。

④ 取扱案件及びその獲得について

（1）私の場合

　独立した当初は、顧問会社2社程度で、月の収入は2万円ほどでした。約

1年後には、顧問会社十数社になって、毎月固定収入の確保に成功しました。

　私は、収入を確保することも大変重要なことであると考えていますが、それ以上に、時間を大切に考えています。例えば、仕事が少ない場合には、収入は減る一方時間が増えるので、潜在的には仕事を受けられる可能性があることになります。また、仕事が少ない方が1つ1つの仕事にかけられる時間が増えることから、良質なサービスを提供できると考えています。加えて、家族との時間を大切にできるうえ、自分の趣味に没頭することもでき、精神衛生上も健康な状態を保つことができると考えています。

　現在も、週の労働時間は10時間前後です。また、上場企業の顧問も獲得でき、同社の代表取締役社長とも懇意にさせてもらえています。仕事をやろうと思えば、相談に来たお客様の案件を全て受任することで、もっとたくさんの仕事をすることも可能ですが、前にも述べたとおり、私は時間や今いるお客様に対するサービスを重視していることから、無理に案件を受任しないことを大切にしています。

(2) アドバイス

　かなり考え方が分かれるとは思いますが、専門分野を2つ3つつくった方がよいと思います。専門分野のつくり方は、前にお話した自分の長所や複数の長所がクロスしたところにすることをお勧めします。

　獲得する方法についても、人によっては千差万別だと思います。共通していえることは、「人からもらうこと」ですので、「人」との接点を増やすことが重要です。どんな「人」とどんな「接点」をもつのかは、試行錯誤の中から磨かれるものだと思いますので、巷にある「これが営業の方法」だという決め打ちのハウツー本のようにやるものではないと思います。私が知っている限り、他の弁護士からお客様を紹介してもらう経営者もいれば、他士業からお客様を紹介してもらう経営者もいます。もちろん、インターネット上の広告もありますし、インターネット上に記事を書いて案件を獲得する人もいます。それぞれの方法に一長一短はありますが、詳しくは紙面の関係上割愛します。

大切なことは、1人1人のお客様を大切にして、「ファン」になってもらうことです。ファンになってもらうことができれば、新しい顧客を紹介してもらうこともできます。1人でも多くの「ファン」を獲得することが案件獲得の秘訣だと思います。

5　経営や事務所規模の変化

(1) 私の場合

　事務所を独立した直後は、弁護士1人で、ずっと経営を続けようと考えていました。私はどんな重要な事項も1人で決断したいと考えていましたし、気が合う仲間であっても、気を遣って仕事をするのは、デメリットが多いと考えていました。しかし、顧客や事務職員、協力してくれる同業、他士業、さまざまな方との交流を経て、現在は、ある程度規模があった方が、「楽しい」のではないかと考えるようになりました。

　今後ももちろんいろいろな刺激を受けて、考え方が変わっていくかもしれませんが、現在は、それぞれの専門分野を有する専門家集団として顧客に良質なサービスを提供して、「時間」を大切にする事務所にしていきたいと考えています。

　現に、私の事務所では、簗瀬捨治先生（20期）に顧問としてさまざまな相談に乗ってもらっています。事務職員の他にも、デザイナーが所属しています。今後も、（業種や年齢を飛び越えて）気が合う仲間とともに事務所をさらに発展させていきたいと考えています。

(2) アドバイス

　これから独立する読者の皆様は、まずは独立して、さまざまな変化を体感することになると思います。スペンサー・ジョンソン著・門田美鈴訳『チーズはどこへ消えた？』扶桑社（2000年）という有名な本にもあるように、1度成功したとしてもそこに甘んじてとどまるのではなく、変化を恐れないことが経営者としてうまくいく秘訣なのではないかと思います。

❻ これまでの失敗談

(1) 私の場合

　少し話は変わりますが、執筆にあたって、失敗談も書いてほしいとのことでしたので、失敗談についてもいろいろ考えましたが、私にはこれといって思い当たるものがありませんでした。

　「失敗」という言葉を辞書で調べると、「方法がまずかったり情勢が悪かったりで、目的が達せられないこと」とあります（グーグル日本語辞書より。私は、よく知っている言葉でも、ときどき辞書で調べて、その意味を再確認するようにしています）。

　つまり、「失敗」とは「目的」を達成できないことということになります。私の事務所の経営方針（目的）は、時間を大切にしつつ「楽しい」人生を目指すことです。そうすると、どんな事象が生じたとしても、経営方針の実現（目的）に向かっている以上、失敗していないといえるのではないかと思っています。例えば、見通しが甘く、1週間忙しく働いてしまったとします。しかし、これは、次の見通しをさらに正確にすることができるようになることで、むしろ経営方針との関係で大成功したことになると思います。

(2) アドバイス

　「失敗」にまつわる名言はたくさんあります。「失敗は成功のもと」とか……。私は、そもそも「失敗」という言葉自体は存在しないと考えます。「人間万事塞翁が馬」という言葉があるように、人生における幸不幸は予測しがたいと考えています。もちろん、いついつまでに、司法試験に合格することや、独立して5年以内に年収1億円を目指すなど明確な目標を立てた場合、それが達成できないこともあるかもしれません。しかし、それに向かって純粋に努力していれば、それ自体はすでに成功しているのであって、周りが羨むような人間になっているのではないでしょうか。

　大切なのは、「失敗」が何かではなく、長いようで短いこの人生において何をやりたいのかを考え、どうすればそれが達成できるのかを考えたうえで、

それに向かって純粋な努力を重ねることだと思います。また、それは大変楽しいことなのではないかと思います。

弁護士兼経営者としての自分の業務配分

（1）私の場合

　現在、私の事務所には私１人しか弁護士がいないので、業務は全て私が行っています。しかし、専門分野外のものについては、外部の弁護士と共同受任などの方法で行っています。

　私は、弁護士の仕事も大変有意義だと思っていますが、それと同じくらい事業会社経営者として、仕事をしたいと考えています。現に、中小企業の役員として、経営会議に参加して、新規事業の立ち上げなども行っています。

　今後は、経営者としての仕事を増やして、弁護士としての仕事を減らしていきたいと考えています。

（2）アドバイス

　独立直後は、経営者である自覚はないと思います。まずは、形式面を揃えて、依頼された仕事をこなすことに専念すればよいと思います。

　ただ、やみくもに仕事をするより、ある程度の戦略をもつことが、経営者への入り口になるのではないかと考えています。最初は、戦略を考え自ら実践することがスタートになりますが、事務所のメンバーが増えれば、その戦略をメンバーにも共有することで、強い集団ができると思います。

8 業務の効率化について

（1）私の場合

　私は、もともとシステムエンジニア出身だったこともあり、IT技術を導入することに抵抗はありませんでした。電話やFAXは、いずれもオンラインのものを使用しています。商品名は割愛します。現在はパソコンと携帯電

話があれば、どこでも仕事をすることができます。完全に在宅ワークも可能です。

（2）アドバイス

　日本では、なんでも面倒くさがらず泥臭く仕事をすることが美徳とされているうえ、我々はそのような教育を受けてきました。少しでも、楽をしようとすると怠け者と言われ、批判の対象になります。しかし、面倒くさがりの怠け者だからこそ、新しい技術が発展し、今の世の中があるのではないかと思います。

　日々の業務で、これは面倒くさい、なんとか楽できないのかと思う気持ちは大変大切なものだと思います。それは、IT技術で解決できることも多いのではないかと思います。積極的に情報収集を行って、業務を「楽」にすることがよい経営者なのではないかと考えます。

◆9 弁護士会の活動への参加

（1）私の場合

　私は、積極的に弁護士会の活動へ参加しています。弁護士会には魅力的な先輩がたくさんいます。先輩方の話は、本には書いてない実践的なものばかりです。もちろん、自分には当てはまらない話もありますが、話を聞いてマイナスになることはありません。私は第一東京弁護士会に所属していますが、委員会にはもちろん可能な限り毎回参加して、積極的に発言をするようにしています。また、派閥活動にも積極的に参加しています。派閥活動で知り合った先輩の経営弁護士には、ときどき経営の相談の電話もしています。大変多忙な先生なのに、すぐ返信してくださって親身に相談に乗ってくれるので、私にとって大変貴重な存在となっています。

（2）アドバイス

　弁護士会活動への参加は、ぜひお勧めしたいと考えております。独立した

直後は、仕事も少なく時間には余裕があるのではないでしょうか。弁護士会活動で得られる知識はもちろん、出会う先輩方との交流を通じて学ぶものは大変多いのではないでしょうか。

ライフワークバランス

（1）私の場合

　私は、仕事が大好きです。なので、ライフ＝ワークと考えています。もちろん、ご飯を食べるのも、家族と一緒にいる時間も大好きです。私は、朝6時に起床して、子どもと10時くらいまで遊んでから、事務所に出勤します。11時から執務を開始して、業務が忙しくないときは、5時には帰宅します。

　ただし、業務が忙しいときは、早朝まで執務することもありますが、そんなに回数としては多くないと思います。家族も私の仕事のスタイルを理解していますので、深夜まで家に帰らなかったとしても特に問題になったことはありません。

（2）アドバイス

　ライフワークバランスという言葉は、10年ほど前に意識するようになった人も多いのではないでしょうか。これは、主に労働者に当てはまるのではないかと思います。独立した瞬間から、労働者ではなくなるので、特に意識せずに、働きたいときに働いて、趣味に没頭したいときに趣味に没頭して、家族と遊びたいときに家族と遊べばよいのではないでしょうか。それを、制限する上司はいないはずです。お客様に迷惑をかけなければ、何をやるのも自由なので、ライフワークバランスを意識する必要もないのではないかと思います。

今後、事務所をどのように経営していきたいか

　経営とはなんなのかについていつも考えるようにしています。辞書には、

「1　事業を営むこと。また、その運営のための仕組み。2　規模を定め、くふうをこらして物事を行うこと」などと説明されています。私は、戦略を考えることが大好きです。または、戦略を世の中で試すことも大好きです。現時点で思う今後の戦略は、専門性の向上と顧客満足度の向上です。

　先輩弁護士から、こんなことを言われたことはありませんか。「いろいろな事件を経験してどんな依頼であっても対応できるようになってから、独立した方がいいよ」。これも1つの考え方ですが、私はそうは思いません。私は独立した当初、自分の長所と短所を理解して、長所を伸ばすことが大切だと思いました。そして、今後の戦略としても、自分の長所をもっと伸ばし、自分にしかできない仕事を見つけたいと考えています。

　また、どうすれば顧客満足度を向上させ、ファンになってくれるのかについて、試行錯誤を繰り返したいと考えています。仕事は、早く丁寧に行うことはもちろん、そのほかにもできることがあるのではないかと思っています。今後の経営でこの点が一番重要ですが、私の中では答えは見えていませんので、日々考え続けることが大切なのではないかと思っています。

⑫　最後に

　人生の幸せを真剣に考えたときに、独立した方がよいのか、それとも安定した収入がある勤務の方がよいのかについては、いろいろ考え方が分かれると思います。また、独立した方が幸せになれると断言はできません。それは、個々人の価値観によるところかと思います。

　しかし、この本を手にとって、私のつたない文書をここまで読んでくれている読者は、独立することが幸せにつながる可能性が高い人かと思います。そうすると、いつ独立するのかが問題となります。今は、「資金的に不安だ」や「経験が足りない」など、言い訳をして、独立を先延ばしにしている人も多いのではないでしょうか。お金がなければ、お金がかからない方法で独立する、もしくはお金を借りて独立する方法が考えられます。経験が足りないと言っているところの「経験」とはなんなのでしょうか。顧客が満足するた

めに、あなたができることを一生懸命提供することが重要であり、書物やインターネット、先輩から聞くなど、情報源はどこにでもあります。先輩と共同受任をして、先輩の経験を学ぶことだって可能です。

独立するのは怖いけど、独立するしかないと思っている人へ

　私は、「怖いモノ」から逃げることは、その「怖いモノ」が何倍も強くなって後ろから追いかけてくるから、逃げずに戦うべきだと考えています。いずれ戦わなきゃいけない「怖いモノ」とは、早急に対峙して、相手がどれだけ強いのか、どうすれば倒せるのかを真剣に考え立ち向かうべきだと思います。

　私の場合、独立した直後に妻の妊娠が発覚しました。もし、独立を決意するのがあと数か月遅れた場合、妻が私の独立を大反対していたのかもしれない……（当初から賛成していませんでしたが）。急げばよいというわけではないですが、この本を手にとっている読者の皆様は、独立するのに大きな障害がない人たちなのではないかと推測します。そうであれば、ぜひ、具体的な戦略を考え、実践すべきだと考えます。

　私は、独立したときに、2年間仕事がなくても、生活ができるような体制にしました。そのときは、頭の中で計算していましたが、それを視覚的に表現すると以下のチェックシートのようなものになります。解説も少し入れましたので、ぜひこちらを使って、独立に対する機運を高めていただければ幸いです。

星野式独立チェックシート（解説付き）

基本情報

事務所名	X○法律事務所
場所	○○駅徒歩○分以内

〔事務所名〕

名前は大変重要です。どんな手段（人、時間、お金）を使っても、よいものを考えてください。

〔場所〕

複数の候補があってもよいと思います。自宅開業はあまりお勧めしません。

私は週に1回も裁判所には行きませんが、東京でしたら丸ノ内線沿線が大変お勧めです。

また、駅から近い方がよいです。私の事務所は駅徒歩1分程度で、窓から地下鉄の入り口が見えます。

現預金等

現預金	○○万円
借入金	○○万円
合計	○○万円

〔現預金〕

解説はいりませんね。多い方がよいです。

〔借入金〕

これも解説不要ですね。開業資金を貸与してくれる金融機関等もありますのでまずは相談しましょう。金利はかなり安いと思われますので、必要な分だけ遠慮なく借りましょう。

余談ですが、私は、70期の貸与世代なので、独立開業と関係なく、最初から約300万円の負債を抱えていました。

〔合計〕

現預金＋借入金です。これが最初の軍資金になります。

イニシャルコスト

内装	○○万円
家具	○○万円
パソコン（ディスプレイ）	○○万円
プリンタ	○○万円
電話機・FAX等	○○万円
不動産契約関連費用	○○万円
合計額	○○万円

〔内装〕

弁護士は腕で勝負するべきで、見栄えは重要ではないと思います。

私の場合は、一緒に働く人が不快に思わない程度の内容であればよいのではないかと思います。華美にすべきではなく、質素でよいし、お金もかけるべきではないです（考え方はいろいろありますが……）。

〔家具〕

かなりお金をかけました。執務室の自分用の椅子は、座り心地を重視して、高額なものを購入しました。

打合せスペースもお客様に快適に座っていただけたり、気持ちよく過ごしていただけたりするよう、よい椅子とテーブルにしています。

〔パソコン（ディスプレイ）〕

基本的には、持ち運べるノートパソコンでそれなりに性能がよいものをお勧めします。画面が小さいときは、モニターをあわせて購入して、HDMIで接続すれば大画面で仕事をすることもできます。

〔プリンタ〕

リースを利用している人も多いと思いますが、私は、購入することをお勧めします。とにかく、ランニングコストを抑えることが、安心感につながって、無理して仕事を受任しなくても済むと考えています。

〔電話機・FAX等〕

私の事務所には、電話機もなければ、FAXもありません。しかし、０３

の電話番号がありますし、FAXも送受信可能です。従来どおり電話機・複合機などのFAXもよいと思いますが、IT技術を活用するのもよいかと思います。

〔不動産契約関連費用〕

敷金や礼金・保証金・前家賃など事務所を借りるのにかかる費用です。

〔合計額〕

低ければ低いほど、ランニングコストに軍資金を回せて、長く戦うことができます。

私の場合、内装0円、家具100万円、パソコン（ディスプレイ）5万円、プリンタ4万円、電話機・FAX0円でした。事務職員が1人いましたので、その分も含めてです。家具はそれなりに高級なものにしていますが、品質等を気にしなければ、30万円前後でも足りたと思います。イニシャルコストは50万円前後でも小規模の事務所を立ち上げられるのではないかと思います。

事業用ランニングコスト

想定家賃	○○万円
電話	○○万円
ケータイ	○○万円
FAX	○○万円
事務職員	○○万円
プリンタ	○○万円
光熱費	○○万円
交通費	○○万円
その他雑費	○○万円
広告費	○○万円
接待交際費	○○万円

その他	○○万円
合計額	○○万円

〔想定家賃〕

安ければ安いほどよいです。間借りとかでもよいのではないかと思います。

〔電話〕

固定電話があることは信頼の証になると思いますので、固定電話の番号は契約すべきです。

〔ケータイ〕

安ければ安いほどよいです。

〔FAX〕

民事訴訟をほぼやらない私の事務所の場合、FAXはほぼ使いません。安いに越したことはないです。

〔事務職員〕

独立当初は1人でやれますので、不要です。

〔プリンタ〕

リースじゃなければ、紙代とインク代だけです。ペーパーレスを実践すればほぼかかりません。

〔光熱費〕

ほぼ電気代です。ガスは契約していません。

〔交通費〕

家から事務所が近いに越したことはありません。歩いて行けるところに引っ越したくて物件を探しています。

〔その他雑費〕

トイレットペーパーや文房具、もろもろかかります。

〔広告費〕

出さない方がよいと思いますけど、考え方はいろいろです。

〔接待交際費〕

私の場合は、この費用が尋常でなく高いです。広告を出さない分、自分に

つぎ込んでいる感じです。

〔合計額〕

必要じゃないコストを払うのは、優秀な経営者ではありません。しかし、必要なコストを払わないのは、無能な経営者です。

もし、どこに払えばよいのかわからない場合、全部に払うのが次善の策だと思っております。ただ、軍資金が潤沢にない人には、全部に払うことができないので、経営のセンスを磨く必要があるということになります。

私の事務所の場合、家賃と人件費と私の交際費以外を合計しても5,000円程度です。場所と人と私自身の交際にほとんどのお金を使っています。

生活用ランニングコスト

家賃	○○万円
食費	○○万円
光熱費	○○万円
生活用品費	○○万円
被服費	○○万円
医療費	○○万円
交通費	○○万円
通信費	○○万円
娯楽費	○○万円
その他	○○万円
合計額	○○万円

〔家賃〕

今住んでいるところの家賃です。安ければ安いほどよいです。私が未婚なら、家賃3万の事務所に近いぼろアパートにとりあえず引っ越します（清潔感が重要なので、風呂ないしシャワールームは必須。トイレは共用でもよい）。

〔食費〕

しっかり食べましょう。ケチるのはなしです。

〔光熱費〕

節約してもたかが知れています。

〔生活用品費〕

同上

〔被服費〕

仕事用のものにはお金をかけましょう。それ以外はいらないと思いますけど、ちょっと極端かもしれません。

〔医療費〕

病気にならないように頑張りましょう。風邪程度なら、寝たら治るみたいです。

〔交通費〕

事務所に行くのであれば、経費になります。つまりはほぼ0ですね。

〔通信費〕

格安スマホを使いましょう。

〔娯楽費〕

仕事がかなり楽しいですし、仕事で接待交際すれば、個人的な娯楽は抑えられるのではないでしょうか。

〔その他〕

生きているといろいろお金はかかります。

〔合計額〕

家賃・食費・光熱費がメインになると思います。

上記の合計額の抜粋

現預金等	○○万円
イニシャルコスト	○○万円
事業用ランニングコスト	○○万円
生活用ランニングコスト	○○万円

運転資金	○○万円
ランニングコスト（合算）	○○万円
稼働可能期間	○月

〔運転資金〕

現預金等の合計額－イニシャルコストの合計額

〔ランニングコスト（合算）〕

事業用ランニングコスト＋生活用ランニングコスト

〔稼働可能期間〕

運転資金÷ランニングコスト（合算）

24か月以上になるように調整してください。

独立チェックシート

基本情報

事務所名	
場所	

現預金等

現預金	万円
借入金	万円
その他	万円
合計	万円

イニシャルコスト

内装	万円
家具	万円
パソコン（ディスプレイ）	万円
プリンタ	万円

電話機・FAX等	万円
不動産契約関連費用	万円
その他	万円
合計額	万円

事業用ランニングコスト

想定家賃	万円
電話	万円
ケータイ	万円
FAX	万円
事務職員	万円
プリンタ	万円
光熱費	万円
交通費	万円
その他雑費	万円
広告費	万円
接待交際費	万円
その他	万円
合計額	万円

生活用ランニングコスト

家賃	万円
食費	万円
光熱費	万円
生活用品費	万円
被服費	万円

医療費	万円
交通費	万円
通信費	万円
娯楽費	万円
その他	万円
合計額	万円

上記の合計額の抜粋

現預金等	万円
イニシャルコスト	万円
事業用ランニングコスト	万円
生活用ランニングコスト	万円

運転資金	万円
ランニングコスト（合算)	万円
稼働可能期間	月

丸谷 聡志

PROFILE

◉修習期：65期
◉弁護士会：愛知県弁護士会
◉事務所開業年：2020年9月

◉事務所名：マイクロスター法律事務所
◉事務所住所：愛知県名古屋市中区丸の内3丁目23番28号
　　　　　　　イトービル9階

◉事務所の人員構成
　弁護士　　　1名
　事務職員　　2名

◉取扱案件の割合
　一般民事事件（交通事故）　　　55%
　一般民事事件（交通事故以外）　25%
　家事事件　　　　　　　　　　　5%
　顧問業務等その他　　　　　　　15%
訴訟案件と交渉案件の割合は半々程度。訴訟案件のジャンルはさまざまですが、交渉案件のほとんどが交通事故事件です。

◉経歴
　2012年12月　愛知県弁護士会にて弁護士登録
　2012年12月〜2015年8月　名古屋市中区丸の内の事務所にて
　　　　　　　　　　　　　アソシエイトとして勤務
　2015年9月〜2018年3月　名古屋市中区丸の内の別の事務所に
　　　　　　　　　　　　　移籍しアソシエイトとして勤務
　2018年4月〜2020年8月　アソシエイト先の事務所にて共同
　　　　　　　　　　　　　パートナーに就任
　2020年9月　マイクロスター法律事務所を開所

独立開業したきっかけ

　両親との今後の関係を考えたことが独立開業のきっかけです。

　私の出身は広島であり、私の父は広島にて会社を経営していました。

　私は長男であり、両親との今後の関係を考えたとき、私が広島に戻るのではなく、両親を名古屋に呼ぶ方法で近くにいるようにしたいと考えました（それが両親の希望でもありました）。

　そこで、広島の両親に名古屋に引っ越してもらうと同時に、広島の父の会社の本店を名古屋に移転してもらい、会社と同所にて開業することにしました。

　事務所名は父の会社と同じものを使用し、私は父の会社の取締役にも就任しています。

　このように独立開業をしようと考えたとき、私は当時所属していた事務所の共同パートナーとなっており一応経営にも携わっていましたので、独立してもなんとかなるだろうと気楽に考えました。

　独立開業を決意したのは一昨年（2019年）の10月頃で、当時所属していた事務所には、11月末頃に独立意思を伝えました。元ボスかつ共同パートナーの先生は私の事情を理解してくれ、独立開業を応援してくれました。とても懐の広い方です。感謝の気持ちしかありません。

2　独立開業前の経営に関する考え方

　私たちのような無形の知的サービスを提供する職種においては、仕入れがなく商品在庫を多数抱えてしまうというようなことはありません。

　事務所家賃及び人件費等の固定経費を最低限まかなえるだけの売上げを上げられるように頑張ろうと考えました。

　この考えは、現在においても変わっていません。

経営手法の選択

（1）単独経営か共同経営か

　上記1で記載したとおり、父の会社を巻き込んでの独立開業のため、他の弁護士を誘っての共同経営という選択肢がそもそもありませんでした。

　ただ、仮に共同経営ができた場合にその手法を採用したかと問われれば、その場合であっても答えは「否」ということになるかと思います。

　その理由は、私は1人で会社を経営してきた父の背中を見て育っており、いつかは私も父のような一国一城の主になりたいと考えていたためです（弁護士になってしばらくはこの思いを忘れていたのですが、両親との今後の関係を考えた際に再燃しました）。

（2）単独経営のメリット

　単独経営の最大のメリットは、やはり意思決定の迅速さにあると思います。経営上の判断を自分1人の判断で速やかに決め、実行することができます。

　他方で、共同経営の最大のメリットは業務拡大のしやすさや経費の負担減という点にあるかと思います。

　私にとっては、意思決定の迅速さが何より優先されるべき事項であるため、そのメリットという観点からみても、単独経営が私には合っているように思います。

4 事務所規模、開業資金、開業場所の選定

（1）オフィスの規模

　現在弁護士は私1人ですが、将来的にはいつかアソシエイトに来てもらいたいという思いがあるため、少し大きめのオフィスを借りました。執務室は現在私1人で使用していますが、他の弁護士を入れることのできるスペースはあります。

（2）開業資金

　開業資金は、総額で550万円程度です。そのうち、内装工事に170万円程度、什器備品に160万円程度、物件の敷金に170万円程度かかっています。これら全てについて、銀行借入れ等は行わず、これまでの貯金から支払いました。コピー複合機についてはリースとしました。

　特に、内装工事や什器備品については、依頼者の方から見て信頼、安心に足る事務所であると感じてもらえるよう、玄関部分と打合せ室については意識的にお金をかけ、見た目にこだわりました。打合せ室内の机や椅子も、事務職員用で使用しているものよりよいものを使っています。

（3）開業場所

　開業場所については、法律事務所のひしめく名古屋市中区丸の内で勝負したいという気持ちが強かったため、同所で探しました。他の階にも法律事務所が入っているビルのワンフロアを賃貸しています。

　当事務所の立地は、これ以上ないほどよい立地と断言できます。大通りに面していますし、おつきあいのある損害保険会社と近接しているからです。

　また、他の階に入っている法律事務所の弁護士の１人が仲良くしていただいている頼もしい先輩であり、ランチに誘ってもらったり、困ったときに相談に乗ってもらったりしています。こういう面でも、今の場所に事務所を構えてよかったなと感じています。

5 事務職員の雇用

　現在は事務職員を２名採用しています。

　事務職員については、知り合いの知り合い等のツテをたどって探しましたので、人材派遣広告等の媒体は利用していません。

❻ 取扱案件の詳細（開業時から現在までの変遷）

（1）交通事故事件

　開業から間もないため大きな変遷はありませんが、開業より少し前から損害保険会社の事件に取り組むようになり、交通事故事件を多く扱うようになりました。これまでも交通事故事件は扱ってきてはいたものの、損害保険会社の視点からみる交通事故事件はこれまで取り扱ってきた交通事故事件とはまるで別個のもののように感じられ、もっともっと精進しないといけないなと思っています。

（2）交通事故事件以外の案件──中小企業のサポート

　交通事故事件以外でいいますと、前事務所での共同パートナー時代と比較すると、依頼者が個人の一般民事事件及び家事事件の占める割合が減り、依頼者が法人の一般民事事件（債権回収等）及び労働事件（残業代請求等）の占める割合が増えてきているように思います。もともと、父の会社のような中小企業のサポートとなりたいと考えて弁護士になったところ、うれしいことに、だんだんとその志望動機に沿うような案件が増えてきています。おつきあいのある税理士や社会保険労務士からの事件紹介が増えてきているためだと思います。

　また、私の取り扱う案件の中で特徴的なのが、渉外家事案件（外国人の関わる離婚、嫡出否認、認知等）です。これはおつきあいのある入管案件を取り扱う行政書士より、定期的に紹介があります。

　顧問先については、さまざまな業態（玩具の卸売業、旅館業、不動産業、建設業等）の会社のほか、医療法人もあります。顧問業務としては、契約書のチェック、小口の債権回収、労務相談が多いです。

　数は多くないですが、刑事事件も行います。国選もやりますし、私選もやります。

　取扱いをしないと決めているのは、債務整理をはじめとする破産関連の事件です。紹介があれば相談は聞きますが、その後は相談内容をまとめたうえ

で、他の弁護士を紹介するようにしています。

 顧客獲得の手法

(1) 「紹介」で一貫

　開業時からはもとより、アソシエイト時代に個人事件をいただくように
なってから現在まで、顧客獲得手法は一貫しています。

　それは、他の弁護士、他士業（司法書士、税理士、社会保険労務士、行政
書士等）、顧問先からの紹介です。

　損害保険会社とのおつきあいも、これまでに所属した事務所で取扱いが
あったわけではなく、他単位会の弁護士より紹介をいただいたことがきっか
けとなっています。この頃は開業に向けて準備を進めつつ、今後の経営につ
いて若干の不安を抱いていた時期でしたので、大変ありがたい紹介でした。

　顧問先については、紹介を受けて最初から顧問契約を結ぶパターンもあり
ますが、最初は個別の事件依頼を受けて、事件解決後に「引き続きおつきあ
いを」ということで顧問の依頼をいただくことが圧倒的に多いです。

　ホームページを通じた顧客獲得は一切行っておりません（ホームページは
いわゆる「名刺」の役割のみを担っています）。

　また、ＪＣやＢＮＩ等の経営者団体にも一切所属しておりません。

(2) アドバイス

　中小企業関係の仕事がしたいと考えている方に私からできるアドバイスと
しましては、「他士業の中でも、特に税理士（可能であれば複数）と深い関
係をつくるべし」というものがあります。世の中には法律顧問（弁護士）の
いない会社は山ほどありますが、税務顧問（税理士）のいない会社はありま
せん。税理士に対して法律的アドバイスを求める経営者も多いようで、税理
士で対応できない法律相談や事件対応の紹介が来るようになります。

8 顧客獲得のために重要と考えること

　いろいろな会合や飲み会に積極的に顔を出して、人脈を広げたり強化したりすることは確かに重要であると思います。

　ただ、このコロナ禍により会合や飲み会自体があまり開かれない中で、私の仕事が減ったかといえば、そういうことはありません。

　やはり紹介いただいた目の前の事件を1つ1つ丁寧に処理することで紹介者からの信頼を得、さらなる事件紹介を得られるようにすることが重要なのではないかと思います。

　私は上記7で記載したとおり、経営者団体には一切所属していないのですが、弁護士会の若手育成支援の委員会の関係で、さまざまな経営者団体に所属する弁護士を複数人講師として招き、登録から数年程度の若手に講演いただくという勉強会に参加したことがあります。この勉強会において、どの経営者団体に所属する講師も、「（経営者団体に）所属するだけでは仕事はこない。団体の業務を一生懸命にこなして初めてメンバー間で信頼関係が築かれ、やがて仕事がくるようになる」ということを言っており、なるほどなと思いました。

9 経営や事務所規模の変化

　開所当初は1名の事務職員で回していましたが、到底これではやっていけないなと思い、開所から3か月経ってもう1名の事務職員に来てもらうことにしました。

10 これまでの失敗談

　まだ開業したばかりですので、失敗談は思いつきません。

　強いていうのであれば、事務職員を採用する際に必要な社会保険関係の手続きについて一切知識なく独立してしまったことでしょうか。

これについても、知り合いの税理士や社会保険労務士の協力を得て、（おそらく）なんとかなりました。

⑪ 弁護士兼経営者としての自身の業務配分

目の前の仕事をこなすことに必死で、正直経営者としてなにかをしているという認識がありません。

今後、事務所拡大を検討したりする際には、経営というものについて正面から考えるときが来ると思います。

⑫ 業務を効率化する手法、使用している書籍やデータベース

事務所全体での記録の共有のためにDropboxを、私のスケジュール共有のためにGoogle カレンダーを使用しています。

また、Slackというチャットツールを使用して事務職員に業務指示をしています。私はそこそこの悪筆らしい（自覚はありません）ので、手書きメモによる業務指示が難しく、チャットツールの導入は必須でした。

判例検索については、D1-Law.comとWestlaw Japanを併用しています。

書籍に関しては、紙の本のままです。事件記録についてもそうなのですが、紙ベースのものでないとなぜか読んでも頭に入ってこないのです。

⑬ 弁護士会の活動等への参加

開業前も開業後も変わらず、委員会活動はそれなりに行っています。

具体的には、若手会員支援、広報、法教育等を行う委員会に所属しています。これらの中には過去にチーム長を務めたものも複数あります。

若手会員支援では、当会独自のチューター制度のもと、登録1年目の弁護士をサポートするなどしています。

広報では、弁護士会の広報イベントの運営に関わるなどしています。

法教育については、あまり最近関わることができていませんが、中学高校への弁護士派遣授業に参加したり、当会の主催するサマースクールに参加するなどしてきました。

また、当会に存在する会派（いわゆる派閥）の１つにも所属し、幹事を務めたこともあります。

あと、これは完全に趣味の世界ではありますが、当会の弁護士会サッカー部に所属し、過去に３年間キャプテンを務めました。現在は、本年（2021年）11月に開催される法曹サッカー全国大会の実行委員長を務めています。

また、名古屋カープという、当地方在住カープファンの法曹関係者で構成される会の事務局長も務めています。

⑭ ライフワークバランス

必要にかられ、プライベート（家族）優先となっています。

昨年（2020年）の夏に第一子である長女が産まれ、育児にも積極的に関与することになりました。

初めての子育てで手探りではありますが、長時間事務所にいて仕事をするということが難しくなっており、遅くとも午後６時30分くらいまでには事務所を出て帰宅しています。その分朝は早く、午前８時30分ころには事務所に出てきています。

土日は基本的に事務所には来ません（自宅で仕事ができるように多くの記録を持ち帰るのですが、毎回全く手をつけられずに翌月曜日を迎えてしまうのが悩みです）。

他の弁護士に比べると業務時間がとても短いのではないかと不安に思うのですが、今のところはギリギリなんとか回せています。今後業務量が増えてきたときにどうするかという点が課題です。

長女が産まれるまでは、弁護士会サッカー部の試合や名古屋カープの集い等に積極的に顔を出すなど、趣味には全力で取り組んでいたのですが、なか

なかそうもいかなくなってきました。

　ライフワークバランス、これが最近の一番の悩みかもしれません。

⓫ 今後、事務所をどのように経営していきたいか

　いつかアソシエイトを採用したいという思いがあります。

　わかっていたことではあるのですが、やはり弁護士１人では寂しいです。過去に在籍した法律事務所においては、ふとしたときに事務所内の他の弁護士と雑談をすることが一種の気分転換になっていましたが、そういうこともできません。

　売上げ及び事件数にかんがみれば、まだまだアソシエイトに来てもらえる状況にないので、当面はアソシエイトを採用できる環境を整えることを目標に、頑張っていきます。

⓰ パートナーとしての共同経営？

　経営者という観点からみれば、私は前事務所時代にアソシエイトから共同パートナーになっており、その頃から開業しているともいえるのかもしれません。

　もっとも、その頃の事務所経営については元ボスかつ共同パートナーにおんぶに抱っこで、毎月請求のある按分された事務所経費を支払うという程度のことしかしていなかったため、本当に経営していたのかといわれれば怪しいところです。

⓱ アソシエイト時代の学び

　弁護士登録から合計で５年３か月の期間、アソシエイトとしてやってきましたが、このアソシエイト期間に、元ボスたちより、書面の書き方や作法、事件の処理手順や方法、落とし所についての考え方、またこれらにとどまら

ず弁護士費用の考え方等についてまで、ありとあらゆることを教えていただきました。これらアソシエイト時代に学んだことが現在の私の糧となっています。感謝してもしきれないです。

　現在アソシエイトで将来の独立を考えている方は、意識的にアソシエイト先から吸収できる部分を吸収すべきだと思います。

18 事務職員の重要性について

　事務職員なしで開業されている先生もいらっしゃいますが、私としましては、事務職員は絶対に採用すべきであると考えます。

　前事務所でパートナーをやっていた際は、アソシエイトからパートナーになったという経緯があるため、アソシエイト時代の関係を引きずってしまい、事務職員に対して自分の仕事をお願いすることに多少の気後れがあったのですが（お願いすれば快くやってくれたとは思います）、開所を機に、「弁護士でしかできないことは弁護士で、それ以外のことは事務職員で」という方針を徹底したところ、業務効率が飛躍的に改善しました。

　人件費はけっして安くはありませんが、事務職員がしっかり働いてくれることで、自分のもつ力の1.5倍から2倍の力を発揮できるようになっていると感じています。

19 最後に

　最近、後輩より独立開業に関する相談を受ける機会が増えてきました。

　このような相談を受けた場合、私はかかる費用だったり、最初にアソシエイト先へ伝えるときの悩みであったり等の私の経験を開けっぴろげに伝えるとともに、「独立開業はいいもんだよ。なんとかなるし、なんとでもなる。独立開業すると決めたら頑張って。応援します」と言っています。

　私の経験等が独立を考えられている方の一助となれば幸甚に思います。

森 謙司

PROFILE

◉修習期：66期

◉弁護士会：東京弁護士会

◉事務所開業年：2017年12月

◉事務所名：三善法律会計事務所

◉事務所住所：東京都中央区八丁堀4-11-7 神谷ビル503

◉事務所の人員構成

　弁護士　　1名

　事務員　　1名

◉取扱案件の割合

　企業法務　　　　50％

　一般民事　　　　15％

　家事事件　　　　30％

　セミナー講師等　 5％

◉経歴

　2010年　公認会計士登録

　2013年　弁護士登録

　2013年～2017年　都内の法律事務所にて勤務

　2017年　開業

❶ 思い立ったが吉日

　私の場合、独立のきっかけとなるような大きな出来事は特にありませんでした。前職時代から独立したいと考えていて、差別化を図るために弁護士資格を取得したという経緯ですので、弁護士になった当初から独立することは決めていました。

　前職の監査法人時代も、思い立ったが吉日といわんばかりに監査法人を退職してロースクールに入学したりと、よくいえばフットワークが軽い、悪くいえばあまり深く考えないところがありますので、独立についても同様でした。

　なんとなく「そろそろ独立したいな」と毎日想っているうちに、ふと「今だな」と思い立ち、独立しました。

　全く参考にならないと思いますが、特に大きなきっかけなどをもたない弁護士もいる程度の参考になればと思います。

❷ 法律事務所の経営への想い

　雰囲気も物理的にも明るい事務所にしたいと考えていました。

　法律事務所にご相談に来られる方の多くは大きな不安をお抱えであろうかと思います。そのような中、対応する弁護士が暗かったり、電話応対する事務員に元気がなかったりすれば、負のスパイラルで余計落ち込んでしまうことがあるかもしれません。事務所にいらっしゃる方の心の負担を少しでも軽くして差し上げられるように我々は努めて明るくしていよう、と事務員にも開業前から私の考えを伝えていました。物理的な明るさについては「4　事務所規模、開業資金、開業場所の選定」で言及します。

　また、独立開業前から薄利多売はしないと決めていました。弁護士としての知識経験が諸先輩方に比して劣っている私が生意気なように思われるかもしれません。

　しかし、あまりにも低廉な報酬で事件をお引き受けして、自己犠牲といえ

ば聞こえはよいかもしれませんが、自分自身が疲弊し切っているのに、困った人に心から手を差し伸べることができるのか、と問われると正直私は自信がありませんでした。

　ご批判はあろうかと思いますが、まずは自分に余裕があるから、次に人助けができる、人間とはそういうものだと割り切って、これについては今でも貫いています。具体的には、日弁連の旧報酬基準よりは少し低額に設定する代わりに、よほどの事情のない限り、報酬減額の打診はお断りをさせていただいています。

　弊事務所の「三善法律会計事務所」の由来は、近江商人の掲げた「人よし、我よし、世間よし」の「三方よし」の理念に基づいて事務所経営をしていきたいと誓ったところにあるのですが、弁護士として目の前のクライアントに誠心誠意尽くすことができれば、「人よし、世間よし」は実現可能であると思います。しかし、これを優先しすぎるがゆえに、ボランティア活動に近くなり、自分自身が疲弊することのないようにとの自戒を込めるとともに、「自己犠牲を伴わなくてよいのか」という問いに迷いが生じないようにとの想いもありました。

❸　1人事務所か、共同経営か

　『弁護士　独立のすすめ』の第1弾や先輩方のご意見を参考にし、共同経営は全く考えませんでした。

　おそらく若手弁護士の独立に関する悩みの大半が資金繰りかと思いますし、私も資金繰りについては不安がありましたので（今でもありますが）、共同経営による費用折半や費用按分は魅力的ではありました。

　ただ、自分が勤務弁護士や従業員だったら絶対働きたいと思えるような待遇や福利厚生制度等をいろいろとつくりたいと思っていたので、自由気ままにやりたいという気持ちが資金繰りの不安に勝っていました。

　また、仲のよい弁護士と共同経営を始めたもののお金の揉め事で仲違いして分裂した、などの話も聞かないわけではありませんので、余計なことに気

を遣うリスクは極力避けたいとも思っていました。

 4 **事務所規模、開業資金、開業場所の選定**

（1）開業資金

　開業資金については、『弁護士　独立のすすめ』の第１弾で多くの先生が述べられているように小さく始めるに越したことはないという点を大いに参考にさせていただき、開業資金と月々のランニングコストは極力抑えて、足りない物は後から買い足せばよい、とのスタンスで始めることにしました。

　そのためには綿密な計画が大切だと考え、独立の時期については漠然としか考えていませんでしたが、決して無計画だったわけではなく、時間を見つけては中古のオフィス家具店に行ったり、ネットでオフィス用品の価格を見たりして、どの程度の資金が必要になるか、どのような物を中古にできそうか、中古にするとどのくらい経費を削減できるかと何度もExcel®で予算を作り直していました。

　開業費用の予算約380万円と、独立後６か月間、１件も依頼がなくてもランニングコストを支払えるように引当金約210万円（35万円×６か月）との合計約600万円を全て貯蓄から準備しました。

　独立１か月前につくった最終予算と実際にかかった費用は以下のとおりです。

品目	個数	予算	実績	差額
PC	2	200,000円	213,425円	△13,425円
机	3	61,600円	67,000円	△5,400円
椅子	2	60,000円	22,800円	37,200円
賃借物件の保証金		720,000円	680,571円	39,429円
内装工事	一式	1,300,000円	0円	1,300,000円
執務スペース仕切	一式	63,500円	129,800円	△66,300円
会議スペース		30,000円	0円	30,000円

会議室テーブル	1	100,000円	63,200円	36,800円
会議室椅子	6	40,800円	39,600円	1,200円
本棚	2	47,200円	23,600円	23,600円
記録棚	2	33,600円	34,300円	△700円
電話機	2	15,000円	78,300円	△63,300円
複合機	1	120,000円	190,000円	△70,000円
シュレッダー	1	60,000円	58,800円	1,200円
受付作業机	1	10,000円	8,900円	1,100円
冷蔵庫・レンジ	1	70,000円	8,000円	62,000円
スタンプセット	一式	6,000円	12,000円	△6,000円
挨拶状	約250通	44,280円	24,926円	19,354円
消耗品等		50,000円	101,200円	△51,200円
バッファ		200,000円	17,355円	182,645円
住民税		568,500円	568,500円	0円
合計		3,800,480円	2,342,277円	1,458,203円

　打合せスペースでの相談内容が、事務員に聞こえてしまうと相談者の方が気にして話しづらいこともあろうかと大きなパーティションで仕切ることを予定していましたが、消防法の関係で簡易なパーティションに変更したので、100万円以上浮きました。実際相談者の方も相談しにくい雰囲気などなさそうで、結果的によかったと思っています。

　一番下の住民税ですが、ご存知のとおり、住民税は前年所得に対して課税されますので、独立した年に勤務弁護士時代と同程度の資金繰りを保つことができないと、住民税により事務所の資金繰りが圧迫される可能性もあると考えていましたので、開業資金として予算計上していました（勤務弁護士時代の大体の所得がわかってしまいますが、見なかったことにしてください）。

　また、課税事業年度の途中で開業した場合で、かつ独立後すぐに多くの売上げが見込めないような場合には開業費を損益通算して、勤務弁護士として

の給与所得の源泉所得税を還付にできる可能性があります。他方で、年度の途中での開業をすると消費税の課税事業者になるタイミングも変わってくる可能性もあり、税金が資金繰りに与える影響は大きいものと考えられますので、税金が不得手の方は税理士の先生に相談することも一考かと思います。

　複合機は、リースよりも中古の物を買ってしまった方がよいというのは多くの先生がおっしゃっており、私もそうしました。また、シュレッダー、冷蔵庫や電子レンジも中古で揃えました。事務所賃料も低額に抑えたり、余計な広告宣伝費をかけないようにしたり固定経費も最小限に抑えることができたと思います。本稿執筆中は、新型コロナウイルス感染症の収束する目途が立たず、じわりと事務所経営にも影響を与え始めていますので、固定経費を最小限に抑えておいて本当によかったと思っています。

(2) 開業場所の選定

　こちらも開業資金との関係で、狭くなったら引っ越せばよい、とのスタンスで始めたかったので、開業場所は自ずと希望するサイズで、予算の範囲内の物件が見つかったところとなりました。

　開業場所は東京都内の23区であれば、特にこだわりはありませんでした。強いていうなら、東京地裁のある霞ヶ関まで電車1本で行けたらいいかなとか、雨の日にお客様に濡れずにお越しいただけるような駅チカの物件がいいかなといった程度の考えでした。個人的には、東京であれば立地によって集客に影響が出るというようなことはないと思っていました。

　また、前記のように新型コロナウイルス感染症の影響により、最近ではテレワークやWEB会議など、働き方や打合せの方法も大きく見直されており、個人的にはコロナの収束後もこの傾向は続くのではないかと考えていますので、東京の場合、開業の場所は差別化につながりにくいと思います。少なくとも私自身は、今のところ「八丁堀駅に近い弁護士だから」とか「自宅から近いので」というお客様はいらっしゃいません。

(3) 事務所のサイズとレイアウト

弁護士1人で10坪、1人増えるごとに＋3坪あれば十分と聞いていましたので、事務所サイズは10～13坪で探していました。いくつかの物件を見て、約11.3坪の物件を借りましたが、私と事務員の2人なので、広さとしては十分です。

物件を選んだ決め手は、年季の入った物件でありながら、蛍光灯を全てLEDライトに換えていて、ビルの入り口や部屋がとても明るかったことです。上記「2 法律事務所の経営への想い」で物理的にも明るくしたかったと記載しましたが、私の予算で探すと築年数が経過しており、薄暗い雰囲気のビルが多かったので、本当によい物件に出会えたと思っています。

個人的に、薄暗い病院などに行くと、ただでさえ病気で気が滅入っているのに、余計に暗い気持ちになることから、気が滅入っている相談者の方が事務所にいらして余計落ち込んでしまうような物件でなく、せめて形だけでも明るい物件がよいと思っていました。

レイアウトについては、5つの業者さんと相談し、3社にレイアウトを作成してもらいました。その中で「この方が打合せスペースに光を取り込みやすく、明るい雰囲気になる」とパーティションの上半分が磨りガラスになっているレイアウトを作成してくださった業者さんがいました。私がうっかり明るい雰囲気という要望を伝え忘れていたにもかかわらず、そのように作成してくれ、コンセプトが一致すると思い、この業者さんにお願いしました。

合見積りをとる際は3社に同じ時間帯に来ていただき、他の業者さんもいることによるプレッシャーをかけて、値引き交渉しやすいようにしました。実際にも値引きしていただきました。

また、弁護士業務のみならず、事務作業も効率よくできるようなレイアウトにしたかったので、業者さんとのレイアウトの作成や打合せには事務員にも同席してもらいました。私は当初、部屋を上下真っ二つにパーティションで区切って、パーティションの1つをドア付きのものにするレイアウトを提案していましたが、事務員から「クライアントとの打合せ中に書留とか届いたときに、事務員が打合せスペースを横切って受け取りに行ったらクライア

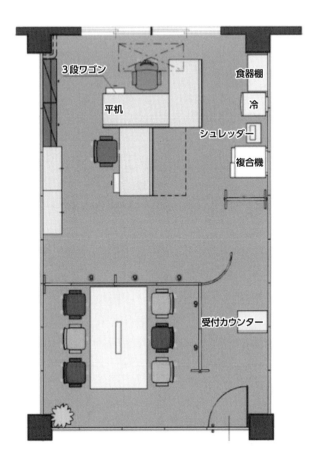

ントに失礼」と助言をもらって、結果的に上のようなレイアウトになりました。さすが事務員の視点だと感心しましたので、事務員の採用が決まっていれば、レイアウトの打合せに同席してもらうことをおすすめします。

「裁判所に提出する書面を作成したりするのに、複合機の近くに作業机等があると便利」と先輩の弁護士に助言いただいていたので、1つ余分に机を購入しました。

❺ 事務員は必要か

　事務作業は誰かにお願いして、本業に専念したかったので、事務員を雇うことを当初から決めていました。記録の作成や裁判所へのお遣いのみならず、税金関係、社会保険関係等のさまざまな事務作業がありますし、独立当初は営業電話が絶えないので、事務員がいてとても助かっています。

　事務員は、勤務弁護士時代の事務所を私より先に退職していた元同僚に来ていただきました。もともとよく一緒に飲み行っていたこともあり、退職する旨の相談をもらった際に「3年以内には独立すると思うので、ぜひうちに来てほしい」とお願いしていました。事務員が実際に退職した後も定期的に飲みに行って、他の事務所に行かないようにお寿司やワインでリクルート活動をしていました。法律事務を15年以上経験していたうえに、きめ細かい気遣いができる方なので、引き抜いていたら不義理だったと思いますが、私より先に退職していた方なので、不義理でなかったと言い聞かせています。

　事務員の採用に関しても私は本当に運がよかったので、これはあまり参考にならないかもしれません。

❻ 開業時から現在までの取扱案件の変遷

　独立当初は、顧問契約は1社もなく、勤務弁護士時代にご縁のあった会社からのスポット案件が多かったです。最近では、徐々に顧問先も増え、顧問先の日々の相談や契約書チェックなどが増えています。

　独立当初は、相当数の訴訟があったのですが、最近はクライアントからトラブルの相談を受けてもなぜか任意交渉で終わることがほとんどで、訴訟案件が少なくなっています。

　勤務弁護士時代は、業務の95％が企業法務で、その中でも案件が偏っていましたが、独立してからは個人のお客様も増え、家事事件等のご相談もいただくようになりました。独立した当初から専門分野を絞っていたわけではなく、ご相談いただいた案件がそのときの取扱案件なので、変遷があるとい

えば変遷はありますし、来る者拒まずという意味では変遷はありません。

　勤務弁護士時代のご縁で、セミナーの仲介業者さんと懇意にさせていただいており、年間十数件ほどのセミナー依頼がありましたが、新型コロナウイルス感染症の影響で2020年、2021年はほとんどお声がかかりませんでした。

❼ 顧客獲得の手法は、「まず自分の存在を知ってもらうこと」

　顧客獲得の手法があれば、私が教えていただきたいです。

　私の場合、ご依頼をいただくきっかけは、ほぼ100％ご紹介です。体感ですが、割合でいいますと、税理士50％、弁護士30％、知人・友人10％、事務員10％くらいです。

　税理士の顧問先企業にとって、税理士は何かしらのトラブル等を気軽に相談できる1番身近な専門家であることが多く、中小企業のトラブルの相談を多く受けているのは税理士の先生かと思われます。税理士の先生が対応できないような相談があるとご紹介をいただくことが多いです。前記のように、勤務弁護士時代のご縁で、年間十数件ほど全国の税理士会でセミナー講師をさせていただいていますが、税理士の先生からのご紹介が多いと気づいてからは、セミナーの際には事務所パンフレットも配ってもらい、名刺もばらまき、懇親会、三次会、四次会でもお付き合いして、知り合いの税理士の先生を増やすようにしています。

　独立して意外だったのは弁護士からの紹介が多かったことです。コンフリクト、業務過多、遠方、専門外と理由はさまざまですが、弁護士からの紹介も案件獲得の相当な比率を占めています。

　私の場合、WEBでのご依頼はないといってよいと思います。WEB経由のご相談は、3年ちょっとで2件ほどです。ホームページ等の広告宣伝費の効果測定をするまでもなく、赤字です。私の周りでもWEB経由で大きな案件が来たという話は聞いたことがありませんので、東京の場合、WEBにかける費用や時間は控えめでもよいかなと思っています。この点は、失敗談の

ところでも少し触れたいと思います。

　ご依頼いただくためには当然、弁護士という自分の存在を多くの人に知ってもらうことが必要だと思いますが、WEBは期待できないので、士業の先生に会うようにしています。具体的には、日本公認会計士協会の税務委員会や中小企業支援対応委員会などに出席したり、士業コンサルの方に紹介していただき、月に1〜2人の会計士、税理士、司法書士、社会保険労務士の先生に新規でアポイントメントをとって、ご挨拶と称して営業に行っています。人見知りなので、これが1番つらいですが、独立した以上致し方ないところです。

経営や事務規模の変化

　独立して4年目に入りましたが、独立当初から特になにも変わっていません。事務所の場所も独立当初から借りているビルですし、弁護士や事務員の人数も増えていません。また、近々増員予定ということも特にありません。

　経営に関しては、1年目よりも2年目の方が、売上げが芳しくなかったときは正直焦りましたが、顧問契約等で安定的な固定収入が売上げの比率を大きく占めるなどのことがない限り、業種的に売上げの変動があることは当たり前、と最近では割り切ることができるようになりました。「もしかして電話が壊れている？」と思うような週もあって、資金繰りのことが心配になることもありますが、この心配をしているときが一番暗い気持ちになり、暗い気持ちのときほど電話が鳴らないので、月単位での売上げの変動等に一喜一憂しないようにしています。ここに不安を持ち続けていたから後述の失敗談のようなことになったのだとも思います。

　現状は変わらずですが、ゆくゆくは人数を増やしていきたいと考えていますので、焦ることなくコツコツと進んでいきたいと思っています。

⑨ これまでの失敗談

独立したばかりの頃は、さまざまな営業のアポイントメントの申込みがありました。挙げ始めるとキリがありませんが、「SEO対策で集客力のアップができます」「こういうサイトを運営していまして、弁護士の先生でも成功実績が多数あります」「ウェブマガジンに先生の執筆した本とご経歴を無料で載せることができます」など本当にさまざまです。

顧問先も見込顧客も何もなく飛び出してきた私にとって、「集客」というのは非常に魅力的なワードであり、一応話だけでも聞いてみるかと相当の時間を割いていました。そのうち、1社だけ実際にお願いしてみましたが、非常にクオリティの低いもので、継続しておつきあいする気になれず、すぐに解約しました。

クオリティの高い業者もいるかもしれませんし、実際に説明に来たような成功事例があることも嘘ではないと思います。しかし、簡単に顧客獲得ができないからこそ、弁護士業界が不況といわれているのであって、そんなにおいしい話があるはずがない、というのを2年目にしてようやく気づきました。今にして思えば、営業の話を聞いている時間や、実際にお願いした業者との打合せに割いた時間や費用は無駄だったと思います。

集客やメディアの露出等に関して、何か業者にお願いしたいと考えるのであれば、すでに独立している弁護士に聞いてみるのが一番だと思います。

⑩ 事務所を楽しく運営したい！

マネジメント手法などと格好よいものはありません。強いていうなら弁護士1人、事務員1人の小さな事務所ですので、「どんな制度をつくったら事務員は喜んでくれるか？」という視点でいろいろと考えては実際に制度化しています。例えばですが、以下のようなものがあります。

・弊所だけ勝手に祝日：2020年、2021年には6月、10月、12月に祝日がありません。従業員にとって、こんなにテンションの下がることは

ありません。祝日のない月の第三月曜日は、弊所、少なくとも事務員は
お休みをいただいています。

・私、今日やる気出ません休暇：有給休暇は事前申請ですが、「やる気出
　ません休暇」は始業時間までに私にLINEをすれば休めます。有給休暇
　は給与全額支給ですが、こちらの休暇は給与半額支給です。元気のない
　ときに無理に出てきてもらっても上記「2　法律事務所の経営への想い」
　で記載した「明るい雰囲気の事務所」にならず、事務所に来てもらわな
　い方が事務所にもメリット、との想いで給与半額支給にして休んでも
　らっています。

・贅沢ランチ：大きな事件が終了したときは報酬金の１％を上限に、労い
　も兼ねて事務員と少し贅沢なランチに出かけます。２人なので、１％で
　でも結構贅沢できます。

・ファインプレーへの御礼状：１年間を通して、事務員がしてくれた飛び
　抜けて素晴らしかった出来事をいくつか具体的に挙げて、納会の日に御
　礼状にしたためて渡しています。例えば、事件記録に載っていた顧問先
　の社長の生年月日から、還暦のプレゼントを手配してくれたことなどが
　ありました（個人情報の目的外利用とか固いことは置いておきます）。
　１年分思い出そうとしてもなかなか思い出せないので、その都度、年度
　ごとにExcel®でまとめています。

　その他にもたくさんあるのですが、紙面の都合上この程度とさせていただ
きます。

 弁護士兼経営者としての自身の業務配分

　弁護士としての業務と経営者としての業務とをあまり意識したことはあり
ませんが、ほとんど弁護士としての業務をしているのではないかと思います。
ホームページの運営、税金、社会保険、消耗品の補充等の事務所周りの業務
は、全て事務員に任せているので、事務所で経営者としての業務はしていな
いと思います。

前記のように、会計士、税理士、司法書士、社会保険労務士にご挨拶に行くようにしていますが、経営者としての業務はその程度だと思います。上記10に記載した事務員に喜んでもらえる制度のアイデアなどは、電車に乗っていたり、寝る前だったり、ふと思い浮かんだときにメモを残して、時間のあるときに具体的に制度に落とし込めるかを検討したりしています。

⑫ 業務を効率化するためのツール

（1）NAS

　機械に疎いので、デスクトップパソコンを2台だけ用意しておけばよいものと考えていましたが、事務所ビルのオーナーが内装をご覧にいらした際に「HDD 2台に同時書き込みのできるNASは最低必要」と言われて、橋本和則著『Windowsでできる小さな会社のLAN構築・運用ガイド〈第3版〉』翔泳社（2017年）という本まで貸してくださって、これを参考に2TBのNASを入れました。私が作成したファイルも事務員が作成したファイルもNASで共有され、2つのHDDに同時に書き込まれるので、どちらかが壊れても片方でデータが残る仕組みらしいです。難しいことはわかりません。相手方からの提出書面も含めて、事件記録など全てPDF化してNASに入れています。

　自宅からも事務所のNASにアクセスできるので、テレワークのためになにか特別の準備することなく、また、重たい訴訟記録を持ち帰ることなく、コロナ禍でもストレスなくテレワークができていますので、オーナーには感謝しかありません。

　また、iPadに専用のNASアプリを入れると、iPadでもNASに保存されているデータが確認できるので、iPad 2台で原告の主張書面と被告の主張書面とを開きながら、パソコンで起案ができるようになっています。

　なお、外部からNASへのアクセス権限は私のみとし、事務員にはアクセス権限を与えていません。テレワーク中になにかデータが必要になったときは、私に連絡してもらって、私が外部アクセスしたものをGoogle ドライ

ブで共有しています。

（2）スケジュールやToDoリストの共有

　私と事務員とのスケジュールの共有にはGoogle　カレンダーを利用しています。クライアントの名前だけ記載してもなんのことかわからないので、○＝来客（営業等）、●＝大事な来客、☆＝弁護士外出、★＝弁護士出張などを記載しています。弊所は、服装は基本的に自由ですが、「●佐藤様」など大事な来客がある場合はジーンズなどで出勤しないようお願いしています。

　事務員にお願いしたい作業は「Todoist」というアプリを使って共有しています。iPhoneにもパソコンにも入れられ、期限や優先順位もつけられて、自分用のToDoと事務員にお願いしたい用のToDoとを分けられるうえに、無料なので気に入っています。

（3）事件管理

　事件管理は、「firmee」という弁護士事件管理のクラウドサービスを利用しています。初期費用０円で30件までは無料で使えます。事件が終了したものは削除してしまえば、マイナス１件カウントになるので、今のところ、無料のまま使えています。テレワーク中に急遽裁判所に電話しなければいけないときなども、クラウドにつなげば事件番号や裁判所の電話番号などもすぐにわかるので重宝しています。

（4）電話対応

　テレワーク中は、外部の電話代行業者に電話対応をお願いしています。ただ、月に対応していただける件数が決まっているので、制限に達した場合には私の携帯電話へ転送しています。

⑬ 今後の事務所経営の目標

　従業員に喜んでもらえる、自分が従業員だったら働きたい事務所をつくりたいという想いがありますので、もっともっと楽しい制度をつくって、従業員の待遇も上げていきたいと思っています。また、喜んでくださる方も増やしていきたいと思っていますので、比率はわかりませんが弁護士と事務員とをあわせて10人くらいの事務所規模にしていきたいと考えています。

独立開業に必要な備品リスト

※あくまで一例であり、事務所によって必要なものは異なります。

■文房具

品名	個数 (弁護士)	個数 (事務局)	個数 (共用)
□ ボールペン（黒・赤・青）	1	1	1
□ シャープペンシル	1	1	
□ 替え芯	1	1	1
□ マーカー（5色）	1	1	
□ サインペン（黒・赤・青）	1	1	1
□ 油性マーカー（黒）		1	
□ 定規（15センチ・30センチ）	1	1	
□ 消しゴム	1	1	
□ 修正テープ	1	1	
□ ホチキス〔※1〕	1	1	
□ ホチキス替え芯	1	1	
□ 大きなホチキス			1
□ 大きなホチキス替え芯			1
□ ホチキス外し	1	1	
□ はさみ	1	1	
□ カッター	1	1	
□ セロハンテープ	1	1	
□ 貼ってはがせるセロハンテープ	1	1	
□ ふせん（5色組）（大中小）	1	1	
□ ノリ（スティック・テープ）	1	1	
□ クリップ（100個入）（大小）	1	2	1
□ 挟む型のクリップ（10個入り）（大中小）		1	2
□ 輪ゴム大・小（1箱）			1
□ 電卓	1	1	
□ インデックス（青・赤）（大中小）	1	1	
□ 電話メモ帳	1	1	
□ 紙ファイル 3色位（普通・背ワイド）			30
□ 伸びる紙ファイル 3色位			10
□ クリアファイル			100
□ クリアポケット			100
□ 名刺ファイル	1		
□ ペン立て	1	1	1
□ コピー用紙（A4、A3、B5）〔※2〕			1
□ 朱肉〔※3〕			1

項目			
□ スタンプ（事務所住所・事務所名・弁護士氏名）〔※4〕			1
□ スタンプのインク（黒・赤・青）			1
□ 正本・副本・控え・甲・乙のスタンプ〔※5〕			1
□ FAX済・送付済のスタンプ			1
□ 郵便関係のスタンプ（速達・書留・簡易書留・特定記録）			1
□ 切手入れ			1
□ 切手を濡らすスポンジ			1
□ 郵便スケール			1
□ 綴りヒモ（50本入）			1
□ 事務所名入り封筒（大・小）			100
□ 茶封筒（大・小）			50
□ スズランテープ			1
□ ガムテープ			1
□ ラベルライター			1
□ パンチ	1	1	
□ 厚い書類用パンチ			1
□ ウェットティッシュ			1
□ 書類トレイ	2	2	
□ 文房具を入れる小さい棚			1
□ 弁護士職務便覧			1
□ 事務日誌		1	
□ ノート			30
□ 箱ティッシュ（5個入り）			1
□ ゴミ箱	1	1	1
□ 本立て	2	2	
□ 掃除機			1

※1　40枚まで留められるタイプがおすすめ
※2　A4：1箱　A3・B5：500枚入り1パック
※3　共用1個のみでも足りる
※4　組み合わせできるタイプにすると便利
※5　「写」「第　号証」もあると便利

■キッチン用品

品名	個数
□ 冷蔵庫	1
□ 急須	1
□ コーヒードリッパー or コーヒーメーカー	1
□ ポット	1
□ 茶葉	1
□ 茶筒	1
□ コーヒー・紅茶等	1
□ 砂糖・ミルク	1
□ 来客用の茶碗セット	6
□ 茶托	6
□ 来客用コーヒーカップ・ソーサーセット	6
□ 来客用グラス	6
□ コースター	6
□ お盆	1
□ スプーン	6
□ ゴミ箱（可燃・不燃）	2
□ ゴミ袋	1
□ 生ゴミ入れ	1
□ 生ゴミ入れのネット	1
□ ハンドソープ	1
□ 食器用洗剤	1
□ スポンジ	1
□ 布巾	5
□ タオル	5
□ 食器ラック	1

■トイレ用品

品名	個数
□ トイレットペーパー	1
□ サニタリーボックス	1
□ サニタリーボックス用ゴミ袋	1
□ 芳香剤（置き型・スプレー）	1
□ 掃除用ブラシ	1
□ 掃除用洗剤	1
□ 掃除用シート	1
□ 使い捨てゴム手袋	1

（森　謙司）

サービス・インフォメーション

────── 通話無料 ──────

① 商品に関するご照会・お申込みのご依頼
　　　　TEL 0120 (203) 694／FAX 0120 (302) 640
② ご住所・ご名義等各種変更のご連絡
　　　　TEL 0120 (203) 696／FAX 0120 (202) 974
③ 請求・お支払いに関するご照会・ご要望
　　　　TEL 0120 (203) 695／FAX 0120 (202) 973

●フリーダイヤル（TEL）の受付時間は、土・日・祝日を除く
　9：00～17：30です。
●FAXは24時間受け付けておりますので、あわせてご利用ください。

弁護士 独立のすすめ Part 2
～体験談から"自分に合った独立開業・経営"のイメージをつかむ～

2021年10月10日　初版発行

編　者　北　　周　士
発行者　田　中　英　弥
発行所　第一法規株式会社
　　　　〒107-8560　東京都港区南青山2-11-17
　　　　ホームページ　https://www.daiichihoki.co.jp/
装　丁　篠　　隆　二

弁護士独立2　ISBN978-4-474-07307-4　C2034 (2)